Dawna Markova und Anne R. Powell

Hausaufgaben ohne Stress

Dawna Markova und Anne R. Powell

Hausaufgaben ohne Stress

Urania-Ravensburger

Weitere Titel zum Thema bei Urania-Ravensburger:
Helmut Weyhreter: Konzentrationsschwäche. ISBN 3-332-01090-5
Gislind Binder/Richard Michaelis: Mein Kind ist doch nicht dumm. Entwicklungs- und Lernstörungen. ISBN 3-332-00866-8
Cordula Neuhaus: Das hyperaktive Kind und seine Probleme. ISBN 3-332-00872-2

Die Deutsche Bibliothek – CIP-Einheitsaufnahme
Ein Titeldatensatz für diese Publikation ist bei Der Deutschen Bibliothek erhältlich.

Die Schreibweise entspricht den Regeln der neuen Rechtschreibung.

Umschlaggestaltung: Behrend & Buchholz, Hamburg
Titelfoto: The Stock Market, Larry Williams
Übersetzung: Thomas Gotterbarm
Fotos: Heiner Schickle, außer s. 139: Redaktionsbüro Stark
Redaktion: Jeanette Stark-Städele
Herstellung: Caroline Krämer
Druck: Messedruck Leipzig GmbH
Printed in Germany

Gedruckt auf alterungsbeständigem Papier mit chlorfrei gebleichtem Zellstoff

04 03 02 01 00 5 4 3 2 1
ISBN 3-332-01094-8

Inhalt

Über dieses Buch

Wohl alle Eltern haben schon einmal fasziniert erlebt, wie wissbegierig kleine Kinder sind. Wie sie experimentieren, fragen und versuchen, die Geheimnisse der Welt zu erforschen. Ganz klar: Kinder verfügen über eine natürliche Intelligenz und Spaß am Lernen. Und die Eltern haben Freude am Forscherdrang und der Neugierde ihrer Kinder.

Doch dann? Wenn Kinder in die Schule kommen, verliert sich leider allzu oft dieser Spaß am Lernen. Lernen wird zu einem Muss, häufig zu einer Last. Oft genug mühen sich Kinder und Eltern täglich mit den Hausaufgaben ab. Wie viele Eltern haben erlebt, dass ihre Kinder in den langen Jahren des „Erwachsenwerdens" nach und nach die Freude am Entdecken verloren haben. Muss das so sein?

September 1962, 8 Uhr früh. Einen großen toten Frosch an ihre Brust gedrückt, stürmte Jana als Erste ins Klassenzimmer. Gleich darauf kam Toni, der verdorrte Ahornblätter und einen leeren Schildkrötenpanzer trug. Sara und Jenny hielten eine leblose Schlange, einen Ast und mehrere große graue Steine in den Händen. Innerhalb weniger Minuten hatten sich 25 zerzauste Erstklässler um ihre im Wald gefundenen Schätze versammelt. „Woher wisst ihr, dass diese Dinge tot sind?", fragte ich.

Über Janas schmutzige Wange zog eine Träne eine helle Spur: „Mein Frosch hat kein Licht mehr. Das war seine Seele, die auf den Sonnenstrahlen zum Himmel aufgestiegen ist. Wie bei meinem kleinen Bruder."

Wir alle wussten, dass Janas Bruder eine Woche zuvor gestorben war. Nach der Beerdigung war das Mädchen mit vielen Fragen in die Schule gekommen: „Was bedeutet es, wenn jemand tot ist? Warum wird er dann kalt? Wohin geht die Seele? Kann er einen immer noch lieb haben?"

Diese Fragen hatten mich dazu veranlasst, die Kinder hinauszuschicken. Sie sollten aus der Natur einige tote Materialien mitbringen. Zwei Stunden lang erkundeten die Kinder nun das Geheimnis des Todes und berichteten von eigenen Erfahrungen damit: „Als mein Wellensittich starb, wurde er so hart wie die Schlange hier." „Als mein Opa in der Kirche im Sarg lag, war er ganz kalt. Da wusste ich, er war nicht in der Hölle, denn in der Hölle ist es heiß." „Ja, aber vielleicht ist die Liebe heiß, und wenn jemand stirbt, dann kommt die Liebe heraus und geht in die anderen Menschen. Darum werden sie alle heiß, wenn sie weinen."

Zehn Jahre später schickte mir Jana einen Brief. Sie sei nun Grundschullehrerin, schrieb sie, und denke noch immer an jenen Tag. Sie habe damals entdeckt, dass sie das Lernen liebte.

September 1996, Mitternacht: Noch immer war ich Lehrerin; doch inzwischen arbeitete ich in der Erwachsenenbildung und der Lehrerfortbildung.

An jenem Abend ging ich mit sieben Teilnehmern meines Seminars Billard spielen. (Sie hatten mir bisher drei Tage lang mit verschränkten Armen ungerührt zugehört.) Als ich die weiße Kugel schon beim ersten Stoß vom Tisch schoss, war offensichtlich, dass ich nicht zum Spielen hier war. Geduldig versuchten die Männer, mir das Spiel zu erklären, bis ich ihnen schließlich die Wahrheit sagte. Ich war hier, um etwas zu lernen, doch ging es nicht um Billard. „Was ich wirklich wissen möchte, ist, warum Sie an diesem Seminar hier offenbar nicht teilnehmen wollen."

Klaus nahm mir die Queue aus der Hand. Seine Stimme klang, als habe er Schmirgelpapier im Kehlkopf. „Hören Sie, wir wissen, dass die Firma Sie engagiert hat, damit Sie das neue Konzept der Fortbildung fördern. Wir wissen, dass Sie nur Ihren Job tun. Nehmen Sie's also nicht persönlich. Die Firma kann Unsummen in die Umsetzung ihrer neuen Philosophie stecken und uns zu diesem Seminar schicken. Wir kommen natürlich. Wir wissen, wie man etwas pro forma tut. Aber zum Lernen kann uns keiner zwingen."

Ich versuchte nachzuvollziehen, wie man sich so hartnäckig gegen das Lernen wehren konnte – wo ich selbst das Lernen doch so leidenschaftlich liebte. Schließlich erwiderte ich: „Einverstanden! Niemand sollte Sie zum Lernen zwingen. Ich habe es bestimmt nicht vor. Helfen Sie mir aber, zu verstehen, warum es für Sie so wichtig ist, nicht zu lernen!"

Andreas legte seine Hand auf Klaus' Schulter. „Wir wissen, dass die uns für dumm halten; sie glauben, wir hätten eine ‚Opfermentalität', wie es ein Manager ausdrückte. Sie sagen, wir seien unfähig, Verantwortung zu übernehmen und etwas zu verändern. Wir seien wie Kinder, die so lange quengeln, bis sie keine Hausaufgaben machen müssen. Doch wir sind erst bereit, Neues zu lernen, wenn zwei Voraussetzungen erfüllt sind."

Ungeduldig fragte ich: „Sagen Sie schon, welche zwei Dinge sind das?" Er senkte die Stimme und sprach sorgfältig ein Wort nach dem anderen: „Zum einen sollten die uns erst mal fragen, was wir überhaupt schon wissen. Zum anderen sollten sie uns zuhören, wenn wir auf Fehler hinweisen, ohne es als ‚Opfermentalität' abzutun. Wenn sie das tun, dann sind wir vielleicht bereit, auch etwas anzunehmen."

Ich selbst bin geradezu lernsüchtig. Seit 55 Jahren habe ich mich schon dem Lernen verschrieben, als Kind, als Psychologin und Pädagogin, als Lehrerin in der Schule, Psychotherapeutin und Unternehmensberaterin. Immer wollte ich das Lernen fördern und die Bedingungen kennen lernen, die es hervorbringen und lenken.

Die Freiheit, selbstbestimmt zu lernen

Kinder interessieren sich für das „wirkliche" Leben – weniger für Schulbücher.

Lernen bedeutete für mich immer mehr als die bloße Weitergabe von Information. Es bedeutet Ganzheit, Selbstverwirklichung, Freiheit. Mit ihrem ungestümen Drang, sich und die Welt kennen zu lernen, erinnern mich Kinder wie Jana daran, dass uns das Streben nach Vollkommenheit angeboren ist. Kinder folgen ganz von selbst ihren Interessen und Rhythmen, ihren Träumen und Ideen. Sie experimentieren und entdecken durch Fehler neue Möglichkeiten.
Einer meiner Lehrer fragte einmal: „Wie kommt es, dass sich in diesem Land mit seinem hervorragenden Bildungssystem so viele Menschen für dumm halten?" Es tut mir richtig weh, wenn ich darüber nachdenke. Es tut mir weh, wenn ich Kinder sehe, die als Fünfjährige voller Fantasie sind, die basteln, singen, tanzen und wunderbare Geschichten erzählen können, und dann sechs Jahre später jede Freude am Lernen verloren haben, weil sie mit dem Lesen oder Rechnen nicht zurechtkommen.

Ich frage mich, was in unserem Schulsystem aus dem achtjährigen Simon wird, der auf die Frage seines Lehrers nach einer Definition der Unendlichkeit erwiderte: „Eine Schachtel Schokoladenkekse!" Als ich ihn später fragte, wie er das gemeint habe, antwortete er: „Auf der Schachtel ist ein Junge, der eine Schachtel Kekse hält, und auf dieser Schachtel ist auch ein Junge, der eine Schachtel Kekse hält, und ..."

Warum verlieren Kinder die Lust am Lernen?

Es macht mich traurig, wenn ich höre, wie jemand Kinder oder Erwachsene als unmotiviert und lernunfähig abqualifiziert. Niemand ist unfähig zu lernen, selbst wenn er sich wie Andreas und Klaus dagegen sträubt, unterrichtet zu werden. Was jedoch bremst diesen angeborenen Drang? Was bringt das Licht zum Erlöschen? Warum klagen Kinder, sie könnten „es“ nicht, sie wüssten nicht, wie „es“ geht, und sie wollten „es“ auch gar nicht wissen? Muss das so sein? Warum wandeln wir uns vom Lehrer zum Polizisten? Wie können wir die Kräfte, die die natürliche Intelligenz unserer Kinder behindern, umformen? Wie können wir als Eltern und Lehrer die jedem Kind angeborene Liebe zum Lernen fördern?

Was läuft falsch in der Schule?

Früher reagierte ich auf diese Fragen mit hilflosem Achselzucken. In den Jahren meiner Tätigkeit als Lehrerin verfolgte mich dieses Achselzucken von Klassenzimmer zu Klassenzimmer. Ich wollte die einzigartige Begabung jedes Kindes fördern und musste stattdessen mit ansehen, wie der gleiche Vorgang, der das Kind zum Lernen anregen sollte, ihm jede Lust darauf nahm. Ich wollte Begabungen fördern, während man von mir verlangte, die Kinder zu gehorsamen „Arbeitern“ zu erziehen. Ich wollte Unwissenheit beseitigen und kämpfte stattdessen erbittert gegen die Angst – die Angst, anders zu sein, die Angst, verletzt zu werden, die Angst vor dem Unbekannten. Ich hielt es für meine Aufgabe, den Kindern beim Lernen zu helfen, während man von mir erwartete, als Teil einer „Expertokratie“ vor allem Informationen zu vermitteln und über alles genau Buch zu führen.

Die Schule vermittelt Faktenwissen; Kinder lernen aber besser in lebensnahen Zusammenhängen.

Voller Schmerz und Enttäuschung suchte ich nach einem Sündenbock. Es war die Schuld der anderen Lehrer. Es war die Schuld der Schulbehörde. Es war die Schuld der Eltern, der Öffentlichkeit, der Kultur. Doch jeder, dem ich die Schuld geben wollte, verstand genauso wenig wie ich, was Lernen, Intelligenz und Erziehung eigentlich waren und sein konnten. Viele wollten es anders machen und machten es doch immer gleich – sie taten anderen das an, was ihnen selbst angetan worden war. 15 Jahre später kam es mir so vor, als würde ich den Kindern beibringen, an einem Herd mit aufgedrehtem Gas tief einzuatmen. Ich zuckte ein letztes Mal mit den Achseln und sagte dem Klassenzimmer für immer Lebewohl.

Viele Fragen, neue Antworten

Meine Fragen waren damit noch nicht beantwortet. Ich eröffnete eine psychotherapeutische Praxis, wo ich in jeder Behandlungsstunde auf die gleichen Fragen traf. Sie begegneten mir in allen Bereichen meiner Arbeit, sei es bei Betriebsschulungen, im Gesundheitswesen oder in der Lehrerausbildung. Überall traf ich Menschen, die sich mit denselben Fragen beschäftigten, und die wie ich nur hilflos mit den Achseln zuckten.

In einem meiner Seminare über ganzheitliche Erziehung traf ich vor vielen Jahren schließlich Anne Powell. Sie war schon lange als Lehrerin tätig und noch immer entschlossen, auf die einzigartigen Bedürfnisse und Fähigkeiten ihrer Schulkinder so differenziert wie möglich einzugehen. Sie war begeistert, als ich ihr erzählte, was ich in meiner Arbeit über die vielfältige Intelligenz von Kindern gelernt hatte. Ich hatte eine Partnerin gefunden, die entschlossen war, die Fragen, die ich im Klassenzimmer zurückgelassen hatte, zu beantworten. Bei unserer Zusammenarbeit trafen sich die Welt der Wirtschaft und die Welt der Pädagogik. Und als Eltern wussten wir, dass an der Erziehung unserer Kinder die ganze Gesellschaft beteiligt ist.

Jedes Kind lernt auf eine ganz besondere Weise; es hat seinen persönlichen Lernstil.

Die Antwort auf viele unserer Fragen erarbeiteten wir in unserem ersten gemeinsamen Buch „Wie Kinder lernen". Wir sahen es als unsere Aufgabe an, der natürlichen Intelligenz und der Einzigartigkeit jedes Kindes zur Entfaltung zu verhelfen. Wenn diese Besonderheit jedes Kindes – seine individuelle Wahrnehmungsform und sein persönlicher Lernstil – beim Lernen berücksichtigt würden, dann würde Lernen auch in der Schule und bei den Hausaufgaben Spaß machen. Und jedes Kind könnte auf individuelle Weise gefördert werden. Wir waren überrascht davon, wie positiv Eltern, Lehrer und Kinder auf unser Buch reagierten. Aus der ganzen Welt erhielten wir zustimmende Briefe und Anrufe, Faxe und E-Mails. Immer wieder stellten wir fest, dass wir die Perspektive unserer Leser verändert hatten: Statt die Kinder zu beurteilen – „Was stimmt nicht mit meinem Kind?" – engagierte man sich nun für sie: „Was die anderen auch sagen, ich will, dass mein Kind die Liebe zum Lernen behält. Ich will mehr sein als nur der Hausaufgabenpolizist meines Kindes. Doch wo soll ich anfangen?"

Die Förderung der natürlichen Intelligenz

Mit diesem Buch wollen wir Eltern zeigen, wie sie die natürliche Intelligenz ihres Kindes und seinen Spaß am Lernen anregen und sich ganz auf seine einzigartigen Bedürfnisse einstellen können. Wir wissen, dass Lehrer unmöglich auf alle Eigenarten eines Kindes eingehen können. Darum ist es erforderlich, dass Eltern und Erziehungsberechtigte die Begabungen eines Kindes fördern. Sie müssen bei ihrem Kind Selbstvertrauen, Konzentration, Entschlossenheit und Reflexionsfähigkeit aufbauen.

Dazu sind die Hausaufgaben in besonderer Weise geeignet. Die Hausaufgaben bilden jenen Teil der schulischen Erziehung, bei dem Eltern den engsten Kontakt zu den Lernerfahrungen ihres Kindes haben. Dies ist der Bereich, in dem die Eltern die Lernweise ihres Kindes am ehesten beeinflussen können.

Mit unserem Buch wollen wir den Kindern Informationen vermitteln, mit deren Hilfe sie weiterkommen, wenn ihnen etwas unklar ist oder sie ihre Gedanken neu ordnen müssen. Wir wollen ihnen das Selbstvertrauen geben, das zum selbstständigen Forschen und Experimentieren notwendig ist. Und wir wollten ihnen dabei helfen, die nötige Selbstdisziplin zu entwickeln, um alles zu erreichen, was sie wirklich wollen und brauchen.

Es geht uns mit diesem Buch nicht darum, zu zeigen, wie man Kinder dazu bringen kann, ihre Hausaufgaben zu erledigen. Wir möchten vielmehr die wirklichen Aufgaben des Elternhauses herausstellen – den Schutz und die Förderung des Kindes und der Talente, die es mit auf die Welt gebracht hat.

Bei unseren Überlegungen stellten wir uns eine zentrale Frage:

Wie können die Hausaufgaben zu einer Partnerschaft zwischen Eltern und Kind führen, zu einer Erfahrung, bei der beide Seiten Neues entdecken und neue Erkenntnisse gewinnen?

Durch partnerschaftliches Lernen können die Eltern die Begabungen ihres Kindes optimal fördern.

Das Ergebnis all dieser Fragen halten Sie nun in den Händen. Unser Ratgeber handelt jedoch nicht davon, wie man Kinder „richtig“ erzieht oder wie man sie dazu bringt, ihre Hausaufgaben „richtig“ zu machen. Vielmehr zeigt das Buch, wie man mit ihnen Gespräche führen kann, die ihre Anlagen, ihre Fähigkeiten und ihre natürliche Intelligenz an den Tag bringen. Hausaufgaben werden so von einer mühsamen Last und einem endlosen Kampf zu einer ebenso wertvollen wie abenteuerlichen Entdeckungsreise, bei der Sie Ihrem Kind näher kommen werden. Und dabei werden Sie vielleicht auch bei sich selbst verschüttete Talente wieder entdecken.

Jedes Kind lernt anders

In früheren Zeiten lernten Kinder im Leben. Sie wuchsen in einer lebenspraktischen Umgebung auf und erlernten dort vollständige Handlungsabläufe – wie Pflügen, Säen und Ernten; Hüten, Füttern und Schlachten. Von früh bis spät lernte das Kind die nie endenden Lektionen seiner Umwelt und konnte so im Einklang mit der Natur wachsen. Das ganze Kind war gefragt, nicht nur sein Kopf. Die Beherrschung grundlegender lebenserhaltender Tätigkeiten verschaffte ihm Selbstvertrauen und Zuversicht.

In der Schule ist nur eine Form der Intelligenz gefragt – dabei äußert sich Intelligenz in ganz unterschiedlicher Weise.

Seit Einführung der Schulpflicht konzentriert man sich jedoch nur noch auf einen Aspekt der Intelligenz – den Erwerb und die Abrufbarkeit kopflastigen Faktenwissens. Für Kinder, die diese Art des Denkens beherrschen, ist dies kein Problem. Bei ihnen ist es häufiger der Konformitäts- und Konkurrenzdruck, der Phantasie, Mitgefühl und Kreativität behindert.

Bei anderen Kindern besteht das Problem darin, dass sie eine andere Form der Intelligenz besitzen und auf andere Weise lernen als ihr Lehrer. Da alle Menschen lernen, glauben wir irrtümlicherweise, wir täten dies alle in der gleichen Form. Alle Musikinstrumente bringen Musik hervor, doch wird eine Gitarre anders gespielt als eine Geige. Wer eine Gitarre mit dem Bogen streicht und komische Töne erhält, wird kaum der Gitarre die Schuld dafür geben. Das Gleiche gilt für Computer. Wenn mein Macintosh eine Diskette nicht lesen kann, halte ich nicht die Diskette für fehlerhaft, sondern gehe davon aus, dass sie für das Betriebssystem DOS formatiert worden ist.

Beim Lernen folgt jedes Kind seinem eigenen „Betriebssystem“, seinem ganz persönlichen Stil. Die Natur liebt die Vielfalt. Geistige Vielfalt ist ein Geschenk der Natur an unsere Spezies.

Holz bearbeitet man am einfachsten in Richtung der Maserung. Bei der Intelligenz gegen die natürliche „Maserung“ vorzugehen ist eine Vergeudung von Zeit und Energie. Dagegen macht die Bereitschaft, die Neugier des Kindes zu teilen, das Lernen effektiver.

Wenn wir so vorgehen, sind wir auch vor Vorurteilen, Ängsten und falschen Theorien gefeit. Wir hüten uns dann davor, Kinder allzu schnell mit Etiketten zu belegen wie: begabt, intelligent, ungehorsam, hyperaktiv, verhaltensgestört. Wenn wir die Begabungen eines Kindes wirklich erkennen wollen, müssen wir das ganze Kind respektieren – so wie es ist.

Sture Wissensvermittlung oder selbstständiges Entdecken?

Unterricht besteht im Wesentlichen aus Unterweisung. Das Kind wird angeleitet, vorbestimmte Dinge zu tun. Ihm wird Faktenwissen vermittelt, das mit seinem Leben meist nichts zu tun hat. Das hat sich seit Generationen kaum geändert. Die Lehrer wirken von außen auf das Kind ein. Sie meinen, man könne Kindern Wissen eintrichtern. Wir Erwachsenen entscheiden, was Kinder lernen sollten und wie sie es lernen sollten. Wir übergehen damit völlig ihr Bewusstsein von sich selbst und ihren Interessen. Die Schule wird so für viele Kinder zu etwas Nebensächlichem. Zwar diskutiert man in der Öffentlichkeit immer wieder, was in den Schulen unterrichtet werden sollte. Doch nur selten denkt man darüber nach, wie sich die Kunst des Lernens von innen fördern lässt.

In der Schule lernt das Kind kaum die Dinge, die es wirklich interessieren.

Viel besser wäre es, dem natürlichen Lernprozess des Kindes zu folgen, von seinen Interessen und seinen Fragen an das Leben auszugehen.

Es herrscht bei vielen Pädagogen Übereinstimmung darüber, dass die bestehende Vorstellung von Unterricht veraltet und mit Vorurteilen, Zweifeln und Angst verknüpft ist. Wünschenswert wäre es, wenn Lernen in einer Atmosphäre des Experimentierens und der Selbstregulation stattfände, bei der die Beziehung zwischen dem Schüler und seinem Potenzial gefördert wird.

Fehler dürfen sein!

Jeder Mensch nutzt nur einen Bruchteil seiner geistigen Fähigkeiten – zwischen ein und zehn Prozent. Es ist gleichsam so, als würden wir mit einem Ferrari immer nur vor dem Haus hin- und herfahren. Dabei ist das Gehirn fähig, seine Kapazität zu erweitern, wenn die Umgebung so beschaffen ist, dass es durch Experimente und Erfahrungen lernen kann. Diese Form der Wissensaneignung können wir als ganzheitliches Lernen bezeichnen.

Am besten lernt man durch Ausprobieren, durch Versuch und Irrtum. Deshalb muss ein Kind Fehler machen dürfen.

Beobachten Sie ganzheitliches Lernen dort, wo es beginnt: Sehen Sie einem Kleinkind zu, das nach einer Tasse greift: Dieser Lernvorgang ist unerlässlich, wenn der kleine Mensch lernen soll, sich zu ernähren. Zuerst fasst das Kind nach dem Haar. Dann nach dem Teller, dann nach Vaters Hand. Dann wieder Haar, dann Tasse, dann Vater. Dann Tasse, Tasse, Tasse. Das Gehirn lernt, indem es Fehler verwirft und seine Erfolge einprägt. In der Schule jedoch wird dieser natürliche Vorgang unterbrochen. Statt die richtig gelösten Aufgaben einer Mathematikarbeit zählen wir mit roter Tinte die Fehler und veranlassen das Kind damit, sich seine Fehler einzuprägen. Die meisten Menschen sind so zu Versager-Experten geworden. Stundenlang sprechen wir darüber, was wir *nicht* können, und bei jedem Fehler kennen wir sofort die Ursache. Doch wenn man uns fragt, was wir gut können und wo wir erfolgreich sind, murmeln wir bestenfalls: „Ach Quatsch, ich habe einfach nur Glück gehabt!“

Geben Sie Ihrem Kind Raum zum spielerischen Lernen in einer anregenden Atmosphäre.

Versuchen Sie es selbst. Überlegen Sie, was Sie in den vergangenen 30 Minuten alles falsch gemacht haben. Betrachten Sie dann nach Ablauf einer weiteren halben Stunde, was Sie in dieser Zeit richtig gemacht haben, woran Sie Spaß hatten und was Sie gelernt haben. Welche halbe Stunde würde Sie wohl stärker zum Lernen, zum Leisten, zum Durchhalten ermutigen?

Die Einschätzung geistiger Fähigkeiten mag schwierig sein. Leicht ist jedoch die Bewertung, ob eine Umgebung das Lernen begünstigt. Sie müssen sich nur die Frage stellen: „Darf ich hier Fehler machen?" Das Gehirn lernt durch Versuch und Irrtum. Es kommt also durch Fehler auf immer neue Möglichkeiten. Wird ein Kind für seine Fehler beurteilt, kritisiert und beschämt, geht die Bereitschaft zum Denken und Ausprobieren zurück. Und genau das ist schlecht. Denn es ist letztlich nicht von Nachteil, wenn man etwas nicht versteht. Nachteilig ist nur, wenn man nicht eingesteht, dass man etwas nicht weiß.

Eine vertrauensvolle Lernumgebung

In einer vertrauensvollen Lernumgebung kann ein Kind seine Fähigkeiten ohne Druck und Stress entfalten. Dabei können Sie Ihrem Kind helfen. Versuchen Sie, jene Zweifel und Vorurteile, die Höchstleistungen verhindern, auf ein Minimum zu reduzieren. Ein solches Lernumfeld sollte zudem Spaß bereiten, denn das Spiel ist das Wesen des Lernens, das Spiel der Ideen, der Phantasie und der Träume. Ohne Spiel würden sich Kinder dieser Welt nicht zugehörig fühlen. Es geht darum, wie sich das Kind seine angeborene Intelligenz erschließt – jenes ungestüme Geschenk des Lebens, das geöffnet werden will. Ob ein Kind diese Forschungslust bei Sex, Drugs and Rock 'n Roll auslebt oder sie sorgfältig kultiviert, liegt vor allem daran, wie es durch Eltern und Erziehungsberechtigte gefördert wird.

Entfalten Sie die Begabungen Ihres Kindes

„Dort oben kriegst du mich nie hin", sagte die Raupe zu einer Ameise, als sie einen Schmetterling fliegen sah.

Die Raupe hat Recht. Eine Verwandlung ist nötig, damit sie die Möglichkeit hat, sich in die Luft zu erheben.

Im Zentrum dieses Buchs stehen Gespräche über Entdeckungen. Sie werden Ihr Bewusstsein dafür schärfen, wie verschiedene Kinder lernen, wofür sie sich interessieren und wie sie einen Bezug zur Schule – und zu den Hausaufgaben – finden. Stellen Sie dieselben drei Fragen wie Kinder, die sich an eine neue Aufgabe heranwagen: „Worum geht es?", „Was lernst du dabei?", „Wie gehst du es am besten an?"

Die Hausaufgaben bieten nicht nur die Gelegenheit zur Aneignung von Wissen, sondern sind auch eine Art Labor, in dem Kinder Sachverhalte auf ihren Zweck und ihre Brauchbarkeit hin erkunden können. Unter dieser Perspektive geht es weniger darum, in der Schule hervorragend zu sein, als vielmehr darum, die individuellen Stärken zu fördern. Wenn Sie das tun, wird Ihr Kind fähig sein, seinen eigenen Weg durchs Leben zu finden. Förderung verlangt von Ihnen nicht, sich zu ändern oder zu bessern. Betrachten Sie doch einmal die Fähigkeiten Ihres Kindes in einem neuen Licht – so wie bei der Raupe.

Haben Sie den Mut, äußere Zwänge auch zu hinterfragen und stattdessen auf die individuellen Begabungen Ihres Kindes zu achten.

Vor einigen Jahren feierte man den 50. Geburtstag der Golden-Gate-Brücke in San Francisco. Der Verkehr war umgeleitet worden. Hunderte von Menschen standen auf der Brücke und warteten schweigend auf die Ansprache des Bürgermeisters. Plötzlich ertönte ein Brummen. „Hört mal", rief jemand, „die Brücke singt! Sie gratuliert sich zum Geburtstag." Erst lachten alle, doch es ließ sich nicht leugnen: Die Brücke sang wirklich. Ein alter Mann, der die Einweihung der Brücke ein halbes Jahrhundert zuvor miterlebt hatte, rief: „Dasselbe geschah damals, als die Brücke eröffnet wurde!" Die Menge starrte ihn ungläubig an. „Es stimmt. Die Brücke ist wie eine Harfe, die der Wind beständig spielt. Die Musik ist aber nur zu hören, wenn kein Verkehr auf der Brücke herrscht."

Wir Menschen besitzen eine hoch entwickelte Fähigkeit: das Bewusstsein. Wie die Geburtstagsgäste auf der Brücke bemerken wir dieses Bewusstsein jedoch nur, wenn in uns Stille herrscht. Bei ruhigem Wasser ist der Grund eines Sees zu erkennen; doch wenn Blätter auf seiner Oberfläche treiben, sehen wir nichts mehr. Die Gedanken an Vergangenheit und Zukunft und die Etiketten, mit denen wir uns und unsere Kinder belegen, sind wie jene Blätter. Wenn wir das Lied in der Seele unserer Kinder hören wollen, müssen wir innerlich zur Ruhe kommen. Wir müssen die Ablenkungen ausschalten, die uns daran hindern, im Hier und Jetzt zu leben. Wir müssen auf Kritik, Verurteilung und Angst verzichten.

Wenn Sie dem ungeheuren Potenzial Ihres Kindes zur Entfaltung verhelfen, bereiten Sie es optimal auf die Zukunft vor.

Die innere Wahrnehmung

Zuerst sollten wir jedoch verstehen, warum diese Ablenkungen für uns so attraktiv sind: Sie vermitteln uns ein Gefühl von Sicherheit. Eine schnelle Erklärung ist einfacher als eine Entdeckungsreise in die Vielfalt des Unbekannten. Steckt man das Unbekannte in eine Schublade, hat man die Illusion, alles unter Kontrolle zu haben. „Ach so, das ist es, was mit meinem Kind nicht stimmt! Es ist nicht meine Schuld, dass es Probleme hat. Es gibt eine ganz klare Begründung. Ich bin nicht hilflos." Auf diese Weise schließt man in diese Schublade seine Sorgen weg. Der Kummer ist dann zwar verschwunden; doch ebenso die vielen Möglichkeiten. Genauso wurde unsere eigene Wahrnehmung weggeschlossen, als man uns beibrachte, wie „man" einen Baum malen muss. Dies befreite uns von den Überlegungen, was wir mit dem leeren Blatt machen sollten; doch sahen wir nun nicht mehr die einzigartige, wunderbare Form, in der wir selbst den Baum wahrnahmen. Wir malten schematisch.

Wenn Sie Ihr Kind fördern wollen, müssen Sie sich von äußeren Anforderungen ein Stück weit befreien und auf Ihre innere Stimme hören.

Hören Sie darauf, was in Ihrem Kopf vorgeht und beziehen Sie sich dann auf die aktuelle Situation. So können Sie sich von Ängsten befreien, bevor Sie Ihrem Kind bei den Hausaufgaben helfen. Sie helfen Ihrem Kind dann einfach um der Sache willen, ohne Druck oder Berechnung. Dies ist keine Unwissenheit oder Ignoranz. Sie lassen vielmehr alle Gedanken los, um Ihrem Kind und dem Leben mit einem offenen Geist zu begegnen. Um gemeinsam mit Ihrem Kind zu staunen, müssen Sie die Weisheit Ihres Lebens mit der Neugier Ihres Kindes verbinden. Sie können dann Fragen stellen, deren Antworten nicht schon von vornherein feststehen – so wie Albert Einstein, als er sich mit 15 Jahren fragte, wie es wohl sei, wenn er auf einem Lichtstrahl sitzend die Nacht durchqueren könne.

Eine Reise zu neuen Möglichkeiten

Ich lade Sie ein zu dem Abenteuer einer Entdeckungsfahrt. Erkunden Sie die natürliche Intelligenz Ihres Kindes und seinen Drang zu lernen! Statt jedoch in einem Bus, der von einem anderen gelenkt wird, zu einem vorbestimmten Ziel zu fahren, werden Sie Ihr eigenes Fahrzeug steuern, in Ihrer eigenen Geschwindigkeit. In jedem Kapitel werden Sie an einem Rastplatz anhalten, um die Landschaft der Begabungen Ihres Kindes aus einem umfassenderen Blickwinkel zu betrachten und ein fruchtbares, neues Gebiet für Gespräche über innere und äußere Entdeckungen zu erschließen. So können Sie die Anlagen Ihres Kindes fördern. Auf diese Weise können Sie Ihr Kind auf eine sich ständig verändernde Zukunft optimal vorbereiten. Denn unsere Kinder wachsen in eine Welt hinein, in der Fachwissen schnell veraltet. Sie werden in noch nie da gewesener Weise immer wieder Neues lernen müssen. Der Schlüssel für das 21. Jahrhundert lautet: lebenslanges Lernen. Und das kann nur, wer seine Begabungen mit Hilfe seines individuellen Lernstils optimal nutzen kann.

Ihre Begleiterin auf dieser Reise ist Anne. Sie wird Sie durch die folgenden Kapitel führen.

Dawna Markova

1. Kapitel

Eltern und Kind: Partner beim Lernen

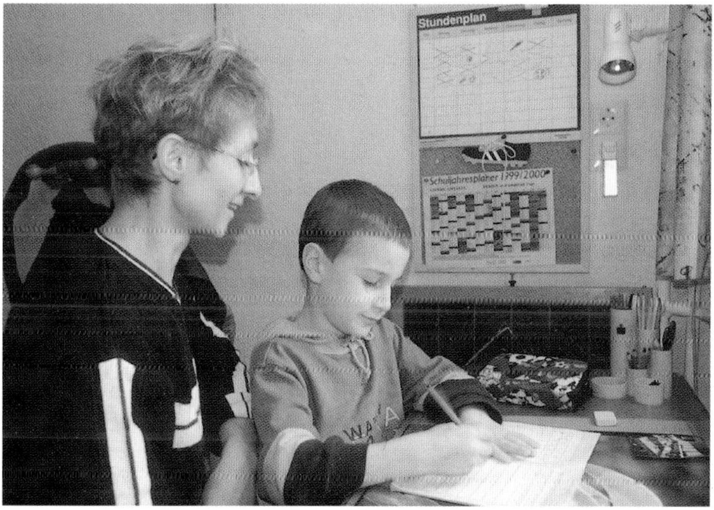

Besser als stures Pauken ist ein gemeinsames Erarbeiten von Lerninhalten und individuellen Arbeitstechniken.

Hausaufgaben sinnvoll nutzen

Beginnen wir mit unserer Reise. Unser Fahrzeug sind die Hausaufgaben. Lesen und Rechnen, mündliche und schriftliche Tests und Spiele bringen uns zu unserem Ziel – dem besseren Verständnis der Begabungen Ihres Kindes und seines individuellen Lernstils. Wir wollen diese Anlagen – seine natürliche Intelligenz – zur Entfaltung bringen.

Doch wo beginnen wir? Wir stehen an einem Ort, der „Hier und Jetzt" heißt. Wir blicken zurück und verfolgen noch einmal die Straße, die uns an diesen Punkt brachte. Entdecken Sie wieder, wie Kinder die Welt wahrnehmen und was sie in ihr lernen wollen. Erfahren Sie, wie sie Herausforderungen bewältigen, wie sie lernen, was sie gerne erschaffen und wozu sie beitragen wollen.

Vielen Kindern und Eltern kommen die Hausaufgaben wie eine stumpfsinnige Schufterei vor, wie ein altes Auto, das man einen Berg hinaufschieben muss. Doch wir werden den Hausaufgaben einen neuen Anstrich verleihen. Dann erreichen Sie auf diesem Wege die Bergspitze und haben einen weiteren Blick. Sie können den Reichtum erkennen, der im Leben Ihres Kindes verborgen liegt.

Die Hausaufgaben bieten die Chance, neue Wege des Lernens zu gehen und Begabungen zu fördern.

Auf dieser Reise werden Sie mit Ihrem Kind neue Möglichkeiten entdecken: neue Wege, Anstrengendes zu bewältigen, Enttäuschungen zu verarbeiten, das Lernen zu genießen und die Schule in das Leben zu integrieren. Die Hausaufgaben sind das Fahrzeug, nicht das Ziel. Unser Ziel ist die Zukunft unserer Kinder. Sie sollen die Fähigkeit des ganzheitlichen und allumfassenden Lernens entwickeln und ihre Anlagen entfalten können.

Unsere Entdeckungsreise ähnelt vielen anderen Autofahrten, die wir schon unternommen haben. Manchmal werden wir vom Radioprogramm oder unserem Proviant abgelenkt. Wir vergessen, dass es eine Welt jenseits der Autofenster gibt. So geht es uns auch bei den Hausaufgaben. Allzu oft verliert man sich in der stupiden Vorbereitung von Klassenarbeiten oder Prüfungen, regt sich wegen fehlender Aufschriebe oder unordentlicher Heftführung auf und vergisst dabei die Anlagen und Interessen des Kindes. Wir werden an Rastplätzen Halt machen und auf neue Fragen stoßen, die unseren Weg wie große Straßenschilder unübersehbar markieren. Diese Fragen sind wie Aussichtspunkte, an denen Sie aussteigen und das Land betrachten, durch das Sie reisen – das weite Land des Lebens und Lernens Ihres Kindes. Die Fragen sind nicht immer leicht zu beantworten. Sie müssen erst darüber nachdenken, bevor Sie mit Ihrem Kind Gespräche über neue Erfahrungen führen können.

Fangen wir also an! Ich lade Sie dazu ein, mit Ihrem Kind zusammen neugierig zu sein. Die folgenden Fragen weisen Ihnen den Weg.

Wo liegen die Interessen des Kindes?

Nehmen Sie sich etwas Zeit. Denken Sie über die folgenden Fragen nach; achten Sie dabei auf Ihre spontanen Gedanken und Ihre weitergehenden Überlegungen. Schreiben Sie Ihre Antworten auf.

- Was liebt Ihr Kind?
- Welches sind seine Hobbys?
- Wofür interessiert es sich?
- Unter welchen Bedingungen lernt es leicht?
- Worin ist es wirklich gut?

Jedes Kind zeigt von klein auf ganz besondere Interessen.

Sammeln Sie Erinnerungen: Wie war es gestern, vor drei Monaten und vor zehn Jahren? Wann brachte Ihr Kind voller Begeisterung eine großartige Leistung zustande? Hören Sie auf Ihr Herz. Wie war es, als Ihr Kind Sie mit einer Erkenntnis oder neuen Fähigkeit überraschte oder amüsierte. Wann entwickelte es ein ganz neues Interessensgebiet? Denken Sie an die lustigen, großartigen, kreativen Momente.

Bitten Sie auch Ihr Kind, so weit wie möglich zurückzudenken. Fragen Sie nach seinen besonderen Interessen und den Momenten, in denen ihm das Lernen Spaß macht. Fragen Sie, was es gern hat und was es mit seinem Lernen erreichen will.

Lassen Sie mich kurz von meinen eigenen Erfahrungen berichten.

Es ist oft erstaunlich, mit welcher Hartnäckigkeit schon kleine Kinder ungewöhnliche Hobbys verfolgen.

Mein elfjähriger Sohn Brian liebt Baseballmützen, Tiere, die Farbe Grün und Mocca-Eis. Am Malen hatte er nie viel Freude; doch seine Lieblingslieder erkennt er schon nach vier Tönen. Brian spielte zwei Jahre lang Fußball und besitzt den gelben Gürtel in Karate. Im Rechnen war er immer ein kleines Genie, und er freut sich darauf, in diesem Jahr mit dem Französischunterricht zu beginnen.

Seine Lieblingsbeschäftigung ist Skateboard fahren. Heute rief er mich aufgeregt in sein Zimmer und zeigte mir den neuesten Sportkatalog. „Schau mal, das Video hier, Mami“, sagte er. „Es kostet nur 19,95 und erklärt alle Bewegungen. Bekomme ich das, bitte?“ Gestern war er den ganzen Nachmittag im Keller gesessen und hatte die Räder seines Skateboards mit Metall verstärkt. Heute zeigte er mit stolz das Ergebnis seiner Arbeit: ein noch schnelleres und noch wendigeres Brett auf Rollen. Als ich ihm zusah, wie er damit voller Freude die Straße hinuntersauste, war ich voller Stolz. Ich spürte seine Begeisterung für das, was er liebt und was er lernen will.

Dabei fällt mir noch ein anderes Kind ein, das ich in Therapie hatte – Randy. Ich sagte seiner Mutter Jana vor der Übungsstunde, ihr Sohn solle etwas mitbringen, das er mir gerne zeigen würde. Ich staunte, als der lebhafte, intelligente Fünfjährige an einem warmen Sommertag ein Buch über das alte Ägypten aus seinem Rucksack zog. „Randy schlägt immer die Seite mit den Hieroglyphen auf", erklärte seine Mutter. „Er kopiert dann die Schriftzeichen und erzählt jedem, was sie bedeuten." Wie schon oft zuvor konnte ich nur bewundern, welche Fähigkeiten so ein kleiner Knirps besaß.

Ihnen fallen gewiss ähnliche Erinnerungen ein; Momente, in denen Sie lachten oder weinten; Momente, an die Sie seit Jahren nicht mehr gedacht haben. Stellen Sie sich vor, die Wurzeln dieser Sternstunden im Leben Ihres Kindes seien in Ihre Hände gepflanzt. Sie besitzen die Samen und Sprossen der Anlagen Ihres Kindes; Sie können es motivieren.

Oft sind die Begabungen unseres Kindes offensichtlich, und dennoch übersehen wir sie im Alltagstrott. Oder wir wissen einfach nicht, wann und wie wir diese Talente zur Entfaltung bringen können.

Wo hat das Kind Schwierigkeiten?

Natürlich finden wir in unseren Erinnerungen nicht nur schöne Geschichten. Wir müssen uns auch dem Unangenehmen stellen – den Sorgen, die wir mit unserem Kind haben. Erkunden wir diese Seite im Leben unseres Kindes mit einem anderen Fragenkomplex:

- Wann fällt Ihrem Kind das Lernen schwer?
- Was bereitet ihm in der Schule oder bei den Hausaufgaben Mühe?
- Worüber macht sich Ihr Kind Sorgen?
- Wann ist Ihr Kind lustlos und enttäuscht?
- Wann wird Ihr Kind am häufigsten missverstanden?

- Wo entspricht Ihr Kind nicht den Erwartungen seiner Umgebung?
- Worüber sorgen Sie sich bei Ihrem Kind am meisten?

Halten Sie an dieser Stelle kurz inne, um sich an bisherige Ängste, Sorgen und Enttäuschungen zu erinnern. Denn diese Momente sind es, die oft zu einer Vorstellung bei Lernberatern führen. Vor unserer ersten Sitzung sprach ich mit Jana ausführlich über Randy. Die Erzieherinnen hatten behauptet, der Junge leide an einer Aufmerksamkeitsschwäche. „Randy ist anscheinend unfähig, stillzusitzen und zuzuhören", erklärte die Mutter. „Immer steht er auf und dreht Runden im Zimmer. Ich will mich jetzt nicht unnötig aufregen, denn er ist ja erst fünf, aber irgendwie brauche ich eine Hilfestellung." Besorgt fügte sie hinzu: „Wird er es in der Schule schaffen?"

Oftmals liegt es am Unterrichtsstil, wenn ein Kind in einem Fach Probleme hat.

Das erinnert mich an ein Beispiel aus meinem eigenen Leben.

Weinend saß Brian auf dem Sofa. Es war Sonntagabend und er wollte am nächsten Morgen nicht in die Schule gehen. „Wir haben zuerst Kunst und das macht den ganzen Tag kaputt", sagte er wütend. Ich konnte diese für mich neue Reaktion nicht verstehen. „Was ist denn dein Problem im Kunstunterricht?", fragte ich. „Ich bin so weit zurück und hole die anderen einfach nicht mehr ein. Ich strenge mich immer an, alles genauso zu machen, wie es die Lehrerin sagt, aber es klappt einfach nicht. Wenn ich meinen Nebensitzer frage, werde ich geschimpft, weil wir nicht sprechen dürfen. Und wenn ich die Lehrerin bitte, es mir noch mal zu zeigen, wird sie böse. Ich weiß nicht, was ich tun soll. Ich will einfach nicht mehr hingehen."

Brians Enttäuschung brachte mich fast zur Verzweiflung. Ich weiß, dass er am besten lernen kann, wenn er nachfragt und über sein Tun redet. Doch war dies offenbar nicht der Unterrichtsstil seiner Kunstlehrerin. Ich musste mit ihr darüber reden, um eine Lösung zu finden.

Der individuelle Lernstil

Auch Sie sollten Ihre Sorgen und Bedenken ernst nehmen. Auf unserer gemeinsamen Reise werden Sie den Lernstil Ihres Kindes erst richtig kennen lernen. Dieses neue Wissen wird Ihre Sorge in Neugier verwandeln und neue Wege der Förderung eröffnen. Denn alles Büffeln und Pauken zeigt keinen nachhaltigen Erfolg, wenn das Kind nicht auf die ihm gemäße Art und Weise lernt. Nur wenn es beim Lernen den Wahrnehmungskanal anspricht, der seiner Begabung, seinem Temperament und seiner Denkweise entspricht, kann es das Wissen auch ins Bewusstsein verankern und das Gelernte richtig verstehen.

Jedes Kind lernt über einen bestimmten Wahrnehmungskanal, der seinem Temperament entspricht, am besten.

Fügen Sie nun die Erinnerungen an die Lernerfahrungen Ihres Kindes zu einem Ganzen zusammen. Diese Sicht umfasst viel mehr als nur Schule und Hausaufgaben. Sie wissen nun eine Menge über die Vorlleben und Neigungen Ihres Kindes und seine Art zu lernen. Und genau dieses Wissen ist die Basis für seine Förderung; es ist der Ausgangspunkt unserer Reise durch dieses Buch.

Mit Hilfe dieses Buches sollen Sie Ihr Kind besser kennen lernen und auf seine Fähigkeiten vertrauen lernen. Dann können Sie ihm helfen, seine Anlagen zu entfalten und sich selbst treu zu bleiben. Schnelle Antworten werden Sie hier nicht finden. Da es viele verschiedene Wege des Lernens gibt, haben wir kein Patentrezept zur Hausaufgabenhilfe. Es gibt so viele Methoden, die Schulaufgaben zu erledigen, wie es Schüler gibt. Ihrem Kind dabei zu helfen, mit Hilfe der Hausaufgaben grundlegende, bleibende Lerntechniken zu entwickeln, ist eine Reise ins Unbekannte. Denn dabei müssen Sie der einzigartigen „Maserung" im Denken Ihres Kindes folgen.

Doch wie können wir als Eltern über das Lernen und die individuellen Unterschiede genug wissen, um dieser „Maserung" zu folgen? Woher wissen wir, worauf wir beim Lernen unseres Kindes achten sollen? Wie können wir seine Lerntechniken verstehen? Lassen Sie mich mit einer Anekdote aus meiner Zeit als Lehrerin beginnen.

Als ich das Klassenzimmer betrat, stürzten sämtliche Schüler auf mich zu. Wegen einer Erkältung war ich einige Tage nicht in der Schule gewesen, sodass wir viel nachzuholen hatten. Um mein Pult herum hatte sich eine kleine Menge versammelt und jedes Kind verlangte nach meiner Aufmerksamkeit. Willi sagte kein Wort, sondern umkreiste mich nur, in der Hoffnung, ich würde ihn bemerken. Sandra streckte mir ein Blatt Papier entgegen; sie wusste, dass ich es mir sofort anschauen würde. Jonas' Stimme wurde immer lauter, als er versuchte, mir alles zu berichten, was in meiner Abwesenheit geschehen war. Stefan schrieb „Herzlich willkommen!" an die Tafel. Bei Christina standen sechs Kinder Schlange, um eine Willkommenskarte zu unterschreiben. Robin war offensichtlich beleidigt, weil niemand ihn beachtete; er tat so, als lese er angestrengt in einem Schulbuch.

Diese Situation zeigt ganz deutlich: Jedes Kind drückt sich auf seine eigene Weise aus. Doch auf diese Unterschiedlichkeit wurde in keinem meiner vielen Handbücher für Lehrer eingegangen. Nirgends erfuhr ich, wie ich diese individuellen jungen Menschen auf ihre Weise hätte erreichen können. Und auch meine Intuition, auf die ich mich sonst verlassen konnte, half mir hier nicht weiter. Ich wusste, dass meine Kinder aufmerksam sein mussten, um etwas zu lernen. Doch mir war damals noch nicht klar, dass es verschiedene Formen der Aufmerksamkeit gibt. Ich wusste, dass manche Kinder lieber mit den Händen arbeiteten, andere eher mit dem Kopf. Doch ich verstand noch nicht, warum sie mehr als nur eine Lernmethode brauchten. Aus eigener Erfahrung wusste ich, dass sich manche Informationen leichter einprägen als andere. Aber ich hatte noch keine Ahnung, wie ich sicherstellen konnte, dass sich meine Kinder den Unterrichtsstoff einprägten.

Es gibt nicht nur verschiedene Lernstile, sondern auch unterschiedliche Formen der Aufmerksamkeit.

Ein Großteil dessen, was ich in den vergangenen Jahren über das Lernen gelernt habe, entstammt meiner Zusammenarbeit mit Frau Dr. Dawna Markova. Und so beruht auch viel von dem, was ich Ihnen in den folgenden Kapiteln über Lernunterschiede und Hausaufgaben berichte, auf Dawnas mehrdimensionalem Vorgehen.

Diese Vorgehensweise half mir, meine Schulkinder ebenso zu verstehen wie die natürliche Intelligenz meines Sohnes. Ich verstehe nun, warum Willi lieber durch Bewegung als durch Worte kommunizierte, und warum Jonas erst wieder Neues aufnehmen konnte, als er mir haarklein alles Vorgefallene erzählt hatte. Ich akzeptiere nun, dass mein Sohn Brian im Chaos seines unaufgeräumten Zimmers lernt, während ich nur dann einen klaren Gedanken fassen kann, wenn mein Schreibtisch leer ist.

Auf unserer Entdeckungsfahrt zu den Geheimnissen des Lernens sind diese Kinder unsere Begleiter. Ihre Erzählungen werden die Darstellung unseres Vorgehens auflockern und veranschaulichen. Dadurch wird es Ihnen leichter fallen, die vielen Facetten des Lernstils Ihres Kindes zu erkennen.

Beginnen wir zunächst mit der Frage, was wir unter „Lernstil" zu verstehen haben.

Die Lernstile: visuell – akustisch – kinästhetisch

Unter Lernstil versteht man die Art und Weise, wie ein Mensch seinen Begabungen und seiner Veranlagung entsprechend an Neues herangeht. Wir haben in den bisherigen Schilderungen gesehen, dass Kinder völlig unterschiedlich auf die gleiche Situation reagieren. Jeder Mensch reagiert bevorzugt mit einem bestimmten Sinn auf äußere Reize. Und genauso eignet er sich Neues am besten über eben diesen Sinn an. Man könnte sagen, dass damit jeder Mensch eine andere „Sprache" zum Denken benutzt: Es handelt sich dabei um die visuelle, die akustische (oder auditive) und die kinästhetische Wahrnehmung und Vorstellungskraft. Dies bedeutet im Einzelnen:

Jeder Mensch nimmt die Welt bevorzugt über einen bestimmten Sinn wahr.

- visuell: die Welt vor allem über die Augen und in Bildern wahrnehmen; innere Bilder sehen; Dinge schaffen, die gesehen werden können (lesen, zeichnen, schreiben, entwerfen usw.)
- akustisch: die Welt vor allem über das Hören wahrnehmen; auf innere Stimmen und Klänge hören; sich in Hörbarem ausdrücken (sprechen, singen, Musik hören usw.)
- kinästhetisch: über Bewegung und Handeln wahrnehmen; handelndes Tun; Gefühle oder Körperempfindungen spüren; sich über Bewegung und Tun ausdrücken (berühren, Unternehmungen, Erfahrungen, Handwerkliches usw.)

Auf diese unterschiedlichen Wahrnehmungskanäle, die wiederum völlig unterschiedliche Lernweisen bedingen, wird in der Schule noch kaum geachtet. Besonders kinästhetisch orientierte Kinder haben in der Schule häufig große Probleme, da ihr Bedürfnis nach Bewegung und handelndem Tun kaum berücksichtigt wird. Es ist daher von großer Bedeutung für das Kind, dass die Eltern den individuellen Wahrnehmungstyp ihres Kindes erkennen und so seinen persönlichen Lernstil zu Hause fördern können. Zwischen Eltern und Kind entwickelt sich auf diese Weise eine ganz besondere Form des partnerschaftlichen Lernens, die weit über bloße Nachhilfe oder eine Wiederholung des Schulstoffs hinausgeht. Eltern und Kind werden dabei jeweils ganz neue Fähigkeiten und Interessen entdecken, die ihr Leben bereichern.

Um dieses Ziel zu erreichen, geht es in diesem Buch zunächst darum, die vielen Faktoren, die die natürliche Intelligenz Ihres Kindes ausmachen, verstehen zu lernen und seine Interessen zu erforschen. Im Weiteren erleben Sie einen erfolgreichen Hausaufgabennachmittag. Wir beginnen mit der Vorbereitung und Organisation, der Einrichtung eines förderlichen Lernumfelds und enden mit einer Bilanz des Gelernten. Dann fassen wir die gewonnenen Erkenntnisse zusammen und zeigen Möglichkeiten auf, diese Erkenntnisse auch den Lehrern nahe zu bringen.

In gemeinsamen Gesprächen finden Sie allmählich den Lernstil und die Begabungen Ihres Kindes heraus.

Dabei werden Sie Ihr Kind und seine Art zu lernen im Verlauf jedes Kapitels besser verstehen.

Ein Prozess der Veränderung

Bei unserer „Reise“ steht immer das Kind im Mittelpunkt. Das ist absolut entscheidend. Es geht hier nicht darum, irgendwelche Techniken auf das Kind anzuwenden. Nein, die Beteiligung Ihres Kindes ist der wichtigste Teil unseres Vorgehens. Ihr Kind ist Hauptdarsteller und Nutznießer; es sind seine Erkenntnisse und Einsichten, um die es hier geht. Überlegen Sie, wie Ihr eigenes Leben verlaufen wäre, wenn Ihnen schon mit acht, zwölf oder 17 Jahren Ihr eigener Lernstil bewusst gewesen wäre.

Sie sind also beide an diesem Prozess beteiligt. Treffen Sie daher eine Vereinbarung: Wir sind Partner beim Lernen. Wir lernen gemeinsam dazu. Auf diese Weise können Sie die Hausaufgaben ganz anders erleben. Gehen Sie auf Ihr Kind folgendermaßen zu:

„Ich möchte dir das Lernen und die Hausaufgaben erleichtern. Lass uns gemeinsam erkunden, wie du lernst. Denn du hast deinen eigenen Lernstil. Wenn wir den kennen, können wir das Lernen interessanter gestalten und die Hausaufgaben können dir in Zukunft vielleicht sogar Spaß machen. Diesen Lernstil können wir mit Hilfe einiger Fragen herausfinden. Lass uns das mal ausprobieren."

Aus Erfahrung weiß ich, dass Kinder gern zu diesen Überlegungen bereit sind. Kinder denken gern über sich nach. Sie schreiben sich auf, was sie gern tun und wie sie es tun.

Formulieren Sie in einfachen und wenigen Worten, welches Ziel Sie mit diesem Vorhaben verfolgen, z. B.: „Wir wollen in den nächsten drei Monaten mehr darüber erfahren, wie du lernst. Denn dann weißt du, wo deine Stärken liegen und kannst so arbeiten, dass dir das Lernen in der Schule und zu Hause Spaß macht." Arbeiten Sie nun gemeinsam das Buch kapitelweise durch. Die behandelten Themen sind jeweils in drei Schritten aufgebaut:

1. Der Status quo

Betrachten Sie die gegenwärtige Situation. Es geht dabei nicht darum, Probleme zu lösen, sondern sich bewusst zu werden, was Ihr Kind bereits erfolgreich tut. Zu Beginn wird Ihr Kind noch gar nicht wissen, wie es das tut, was es tut. Wir besitzen jedoch die Fähigkeit, unser Handeln zu reflektieren, es zu beobachten, es zu benennen und darüber zu sprechen. Eine Zeit lang werden Sie diese Rolle für Ihr Kind übernehmen. Sagen Sie ihm, was Sie beobachten. Bald schon wird es eigene Beobachtungen hinzufügen. Diese Reflexionsfähigkeit muss trainiert werden.

Veränderungen vollziehen sich nicht von heute auf morgen. Geduld gehört dazu.

Was kann Ihr Kind beobachten? Zuerst vielleicht nur Eigenschaften wie: „Ich bin gut in Rechtschreibung. Ich lese gern im Auto." Später wird es sich differenzierter ausdrücken: „Ich mache mir in Gedanken Bilder für die Wörter. Wenn ich etwas höre, weiß ich eher, ob es stimmt. Wenn ich mich bewege, kann ich mich besser konzentrieren."

2. Neue Vorschläge ausprobieren

Im zweiten Schritt werden Sie neue Vorschläge ausprobieren. Jeder darf vorschlagen, was ausprobiert werden soll. Legen Sie genau fest, wie lange die einzelnen Vorschläge ausprobiert werden sollen. Schlagen Sie Ihrem Kind z. B. vor, sich an jedem der folgenden drei Abende einen anderen Platz zum Lernen zu suchen. So kann es herausfinden, wo es sich am besten konzentrieren kann. Wenn Sie herausfinden wollen, wann Ihr Kind am konzentriertesten arbeitet, können Sie es die Hausaufgaben probeweise in der einen Woche am frühen oder in der anderen am späten Nachmittag erledigen lassen.

3. Welche neuen Erkenntnisse gibt es?

Im dritten und letzten Schritt der Behandlung eines Themas überlegen Sie, was Sie gemeinsam gelernt haben. Halten Sie diese Ergebnisse fest, z. B. in einem Notizbuch oder Fotoalbum, als Collage oder Skulptur, auf Tonband oder Video. Sie können bei jedem Thema eine andere Methode verwenden. Wichtig ist nur, dass Sie Ihre Beobachtungen dokumentieren. Machen Sie das, was Sie gelernt haben, sich und Ihrem Kind bewusst. Dann können Sie im Weiteren darauf aufbauen.

Jedes Thema beansprucht einen anderen Zeitaufwand. Er ist jeweils davon abhängig, welche Vorkenntnisse Sie und Ihr Kind besitzen, wie lange Sie die einzelnen Vorschläge ausprobieren und wie lange es dauert, bis Sie Ergebnisse feststellen. So wissen Sie z. B. vielleicht bereits, zu welcher Tageszeit Ihr Kind am effektivsten seine Hausaufgaben erledigt.

Lassen Sie sich bei diesen Erkundungen Zeit; folgen Sie Ihrem Rhythmus und dem Ihres Kindes. Nehmen Sie sich zunächst einen Nachmittag pro Woche vor; steigern Sie dann Ihre gemeinsamen „Sitzungen“. Führen Sie zunächst nur einfache Gespräche beim Essen oder Spazierengehen. Erwarten Sie nicht, dass sich alles sofort verändert. Durch Ihre Vorgehensweise verändert sich zunächst Ihre Denkweise. Lassen Sie das, was Sie bei einem Thema gelernt haben, erst auf sich wirken, bevor Sie zum nächsten Punkt übergehen. Und nicht zuletzt: Viele neue Erkenntnisse werden Ihnen dann kommen, wenn Sie am wenigsten damit rechnen.

2. Kapitel

Die natürliche Motivation

Kinder lernen am besten, wenn ihnen etwas Spaß macht und sie einen Sinn darin sehen. Diese Voraussetzungen kann man schaffen.

Begabungen wahrnehmen

Der große, sympathische Herr mit dem Bart fragte nach einem Spiel und einem Poster. Ich arbeitete in einem Geschäft für Lernmaterialien. Unter dem Ladentisch ertönte ein dünnes Stimmchen: „Connecticut, Massachusetts, Kalifornien, Nevada, Utah ..." Auf meinen verdutzten Gesichtsausdruck hin stellte der Herr mir seinen Sohn Samuel vor, der gerade auf die unterschiedlich gefärbten Bundesstaaten auf der am Ladentisch hängenden USA-Karte zeigte. Dem Vater war das Ganze etwas peinlich. Er wollte wohl nicht zu jenen Eltern gezählt werden, die ihre Kinder auf Leistung trimmen. „Er war schon immer von Landkarten fasziniert", erklärte er. Ich trat vor den Ladentisch. „Hallo", sagte Samuel zwischen Mississippi und Alabama. „Wie alt bist du?", fragte ich, und er zeigte zwei winzige Finger. Mit zweieinhalb Jahren kannte Samuel Form und Namen von beinahe allen amerikanischen Bundesstaaten.

Die Begabungen unseres Kindes zeigen sich oft sehr eindeutig. Als Eltern haben wir die Aufgabe, diesen Begabungen zur Entfaltung zu verhelfen. Jede Begabung ist wertvoll, auch wenn sie im Moment wenig „nützlich" für das Schulleben zu sein scheint. Sie können nie wissen, welche Möglichkeiten sich Ihrem Kind z. B. durch seine Begeisterung für Insekten eröffnen werden. Fördern Sie deshalb nicht nur Talente, die etwas „bringen", sondern seien Sie für alle Interessen Ihres Kindes offen.

Wir beginnen unsere gemeinsame Reise mit einem Blick nach innen. In diesem Kapitel haben Sie die Gelegenheit, in sich zu gehen und die Vorlieben und Interessen Ihres Kindes, die Sie bereits kennen, an die Oberfläche zu holen. Sie werden staunen, was Sie schon alles wissen und wie viel Neues Sie entdecken werden.

Die Vorlieben des Kindes

Es geht hier um die Lieblingsdinge Ihres Kindes. Nehmen Sie sich etwas Zeit. Überlegen Sie, welche Farbe Ihrem Kind am besten gefällt; welches Tier und welche Blume es am liebsten hat; welches Spiel es am liebsten mag usw. Bitten Sie Ihr Kind, ebenfalls darüber nachzudenken. Vergleichen Sie dann Ihre Notizen.

1. Farbe
2. Blume
3. Vogel
4. Tier
5. Baum
6. Zahl
7. Tageszeit
8. Wochentag
9. Monat
10. Jahreszeit
11. Wetter
12. Ferien
13. Essen
14. Warme Speise
15. Kalte Speise
16. Heißes Getränk
17. Kaltes Getränk
18. Süßspeise
19. Saure Speise
20. Salzige Speise
21. Sport als Zuschauer
22. Sport als Teilnehmer
23. Wintersport
24. Sommersport
25. Spielzeug
26. Brettspiel
27. Videospiel
28. Computerspiel
29. Kartenspiel
30. Ort im Haus/in der Wohnung
31. Ort in der Natur
32. Ort, an dem man schon einmal war
33. Ort, von dem man gehört hat
34. Kunst als aktive Beschäftigung
35. Kunst zum passiven Sehen oder Hören
36. Film
37. Fernsehsendung
38. Lied
39. Gedicht
40. Musikgruppe
41. Musikinstrument
42. Geschichte
43. Buch
44. Spiel
45. Schuhe

Wie gut kennen Sie Ihr Kind? Wissen Sie um seine speziellen Vorlieben?

46. Kleidungsstück
47. Dinge zum Befühlen/Betasten
48. Geräusch, Ton
49. Geruch
50. Form

Besondere Interessensgebiete

Beschäftigen Sie sich nun mit folgenden Geschichten, Fragen und Antworten. Sie gehen stärker in die Tiefe. Auch hier kann es zu Überraschungen kommen. Dinge, die Ihr Kind Ihrer Meinung nach nicht interessieren, stehen auf einmal ganz oben auf der Liste. Tätigkeiten, von denen Sie glaubten, sie gefielen Ihrem Kind, sind vielleicht gar nicht mehr attraktiv.

Überlegen Sie sich, warum sich Ihr Kind gerade diese Lieblingsbeschäftigung gesucht hat.

Versuchen Sie, die Vorlieben und Abneigungen Ihres Kindes nicht zu bewerten. Neulich hörte ich, wie ein Achtjähriger als „faul“ bezeichnet wurde. Als ich nachfragte, erfuhr ich, dass das Kind lieber mit Lego spielte, als sich draußen im Freien auszutoben. Ist das faul?

Erkunden Sie, was Ihr Kind an einer Tätigkeit, die Sie selbst nie wählen würden, interessant findet. Seien Sie tolerant, wenn Ihr Kind Tätigkeiten, die Ihnen wichtig erscheinen, eher ablehnt.

Betrachten Sie die folgenden Beispiele als Richtlinien oder allgemeine Kategorien. Wenn ich von Fußball spreche, meine ich damit auch alle anderen Mannschaftssportarten. Vielleicht mag Ihr Kind ja lieber Basketball oder Eishockey.

Die Liste muss keinesfalls möglichst lang sein; sie sollte vielmehr möglichst wahrheitsgetreu sein. Manche großen Persönlichkeiten vollbrachten ihre bahnbrechenden Leistungen aus reinem Hobby. Leonardo da Vinci interessierte sich für alle Bereiche der Kunst und Wissenschaft, während Picasso sich ausschließlich dem Malen widmete.

Ob sich Ihr Kind für zwei Bereiche ganz stark interessiert oder von einem Hobby zum anderen hüpft – es liegt an Ihnen, dies herauszufinden.

Beginnen wir mit einigen Beobachtungen:

Über Wale weiß die fünfjährige Helen alles. Mit fremden Menschen diskutiert sie die Unterschiede zwischen den einzelnen Arten; dabei verfügt sie über einem Wortschatz, der so differenziert ist wie der eines Meeresbiologen.

Die neunjährige Sophie ist ein wahres Energiebündel; glücklicherweise fand sie einen Ort, diese Energie auszuleben: in der Turnhalle. Sie trainiert nun drei- bis viermal die Woche. Wenn sie nicht in der Turnhalle ist, macht sie zu Hause Gymnastik oder spielt im Garten.

David ist fähig, jedes Elektrogerät auseinander zu nehmen und wieder zusammenzusetzen. Sein Keller ist vollgestopft mit alten Radios und Fernsehern, die er auf Flohmärkten oder im Sperrmüll gefunden hat; eine elektronische Orgel ist auch dabei.

Tiere mochte Bea schon immer und wollte immer welche haben. Einmal kam eine Zoologin mit einer Sammlung exotischer Haustiere in die Schule. Seither weiß Bea, was sie später einmal werden will.

Aus irgendeinem Grund interessierte sich Brian schon immer für Frankreich. Schon als kleines Kind war er von meinen Französischkenntnissen fasziniert und wollte die Sprache selbst lernen. Vergangenes Jahr schrieb er einen Aufsatz, in dem er sich vorstellte, er betreibe ein Café in Frankreich. Er will das Land so bald wie möglich als Austauschschüler kennen lernen.

Was macht Ihr Kind gern allein – zu Hause oder im Freien?

Basteln, zeichnen, Rollschuh laufen, schaukeln, lesen, Puzzles zusammensetzen, Musik hören, Karten spielen, Geschichten aufschreiben, denken, träumen, im Internet surfen, nach den Sternen schauen

Was macht Ihr Kind gern mit anderen Menschen zusammen?

Organisierte, regelmäßige Beschäftigungen:

- Pfadfinder, Karate, Malkurs
- Tanz, Fußball, Klavier spielen, Turnen

Hat es diese Aktivitäten selbst ausgesucht oder wurden sie ihm von Ihnen oder anderen Personen vorgeschlagen?

Selbst gewählte, selbst erdachte Beschäftigungen, „Talente“:

- Theater spielen, Ballspiele, Brettspiele, Witze erzählen
- Erkundungen unternehmen, Schneeballschlachten, wissenschaftliche Versuche

Wie lebt Ihr Kind seine Fantasie und Kreativität aus?

In neuen Wörtern, selbst geschaffenen Welten, Erfindungen, Ideen, in Geschichten, Zeichnungen; mit Hilfe von Bauklötzchen, Haushaltsgegenständen, Fingerfarben, Knetgummi, Metall, Holz, Schmuck, Keramik; beim Bauen von Vogelhäuschen, Flugzeugen; in seinen Gedanken, in seinem Zimmer, an seinem Computer, im Wald, im Schnee

Welche Fahrzeuge und Geräte interessieren Ihr Kind?

Fahrräder, Autos, Mopeds, Skateboards, Inlineskates, Schlittschuhe, Schlitten, Ski, Wasserski, Züge, Flugzeuge, Computer,

Fotokameras, Radios, Telefone, Mobiltelefone, CD-Player, Videogeräte, Videokameras, Satellitenantennen

Was sammelt Ihr Kind?

Fußballkarten, Münzen, Bücher, Puppen, Briefmarken, Poster, Steine, Muscheln, Treibholz, Blätter, Stofftiere, Murmeln

Welche Arbeiten übernimmt Ihr Kind gern?

Babysitten, sich um Tiere kümmern, Zeitungen austragen, Gartenarbeit, waschen, kochen

Welche Haustiere möchte es gern haben?

Katze, Hund, Hamster, Kaninchen, Meerschweinchen, Pferde

Welche Lebewesen/Pflanzen interessieren es?

Wilde Tiere, gefährdete Arten, Insekten, Bäume, Frösche, Vögel, Blumen, Gemüse

Welche Fernsehprogramme, Filme und Musikrichtungen gefallen ihm?

Talkshows, Seifenopern, Dokumentarfilme, Zeichentrickfilme, Actionfilme, Science-Fiction, Quizsendungen, Ratgebersendungen

Rap, Rock, Blues, Jazz, klassische Musik, Volksmusik

Welche Musikinstrumente möchte es gerne spielen?

Gitarre, Klavier, Schlagzeug, Saxophon, Tuba, Flöte, Akkordeon, Xylophon

Über welche Länder und Epochen der Geschichte würde es gern etwas lesen?

Amerika, England, Frankreich, Nahost, Asien, Australien, die

Antarktis, Mittelalter, Renaissance, den Zweiten Weltkrieg, das alte Ägypten

Welche Menschen beeindrucken Ihr Kind?
Freunde jeden Alters, Verwandte oder Nachbarn, Helden der Geschichte und der Literatur, berühmte Persönlichkeiten

Welches sind seine Lieblingsplätze?
Orte in der Umgebung, Restaurants, Geschäfte, bestimmte Stadtteile, Ferienziele, Landesteile, Wohnhäuser
Landschaften: Meer, Berge, Wald, Seen, Ackerland, Wüste, Städte, Neubausiedlungen

Es war einmal ...

Denken Sie nun an die Zeit, als Ihr Kind noch sehr klein war. Überlegen Sie sich, wofür es sich damals interessierte. Haben sich diese Interessen verschoben oder verfolgt es sie immer noch?

Können Sie in den Interessen Ihres Kindes eine Kontinuität erkennen? Gibt es Dinge, mit denen es sich schon über Jahre hinweg beschäftigt hat?

Brian liebte schon immer Musik. Mit 18 Monaten erhielt er sein erstes Xylophon. Mit leuchtenden Augen schlug er auf die Klangplatten. Er war begeistert, dass er solche Töne erzeugen konnte. Jahrelang beendeten Brian und ich den Tag mit einem Lied. Heute hört Brian vor dem Einschlafen sein Lieblingslied aus dem Walkman.

Sechsmal gewann Josh Waitzkin die Schachweltmeisterschaft der Junioren. Er hatte das Spiel mit sechs Jahren erlernt, nachdem er in einem Park zwei Männern beim Schachspielen zugesehen und sie schließlich gefragt hatte, ob er nicht mitspielen könne. Das Spiel lag ihm offensichtlich im Blut.

Erste Spielsachen

- Welche Spielsachen mochte Ihr Kind von klein auf gern?
- Für welche Spielsachen würde es sich entscheiden, wenn es die Wahl hätte?
- Mit welchen Haushaltsgegenständen hat es schon einmal gespielt?
- Zu welchem Spielzeug fand es immer wieder zurück, selbst wenn Sie dagegen waren?
- Wie stark ähneln seine heutigen Spielsachen den damaligen? In welcher Weise unterscheiden sie sich von ihnen?
- Bei welchem Gegenstand wussten Sie von vornherein, dass er Ihrem Kind zusagen würde?
- Mit welchen Büchern, Musikstücken oder Tätigkeiten beschäftigt sich Ihr Kind über lange Zeit?
- Welche Bücher wollte es immer wieder lesen?
- Was begeisterte Ihr Kind?
- Was half Ihrem Kind, zur Ruhe zu kommen?

Erste Gedanken

- Worüber dachte Ihr Kind gern nach?
- Welches war die interessanteste Frage, die Ihr Kind Ihnen jemals gestellt hat?
- Welche Themen haben es schon immer interessiert?

Erste Träume

- Was antwortete Ihr Kind, als Sie es zum ersten Mal fragten: „Was willst du werden, wenn du groß bist?“
- Was antwortete es mit drei Jahren auf diese Frage? Und mit fünf? Was will es heute werden? Inwieweit haben sich die Antworten auf diese Frage verändert?
- Inwieweit sind sie gleich geblieben?

Welche Gewohnheiten oder Interessen Ihres Kindes missbilligen Sie?

- Mit Streichhölzern spielen, Kunststücke auf dem Fahrrad oder dem Skateboard machen
- Zu lange telefonieren, zu lange fernsehen, Rap-Musik hören
- Auffällige Kleidung, Comics lesen

Welche Vorliebe Ihres Kindes hat Sie am meisten überrascht?

Wenn Sie sich an die Träume und Interessen Ihres Kindes erinnern, gelangen Sie zu den Wurzeln seiner natürlichen, inneren Motivation. Es handelt sich dabei um jene Aspekte der Welt, die seine Aufmerksamkeit erregten, bevor es gezielt „gefördert“ wurde. Sie haben sicher einige Bereiche entdeckt, auf die es immer wieder zurückkommt. Nutzen Sie diese Bereiche, um Ihrem Kind zu zeigen, wie man bekanntes Wissen auf neue Lernstoffe übertragen kann.

Schulische Sternstunden

Erweitern wir nun den Radius unserer Erkundungen und betrachten auch die Welt der Schule. Die Schule soll das Kind Tätigkeiten und Denkweisen lehren, mit deren Hilfe es seine natürlichen Begabungen so entdecken und entfalten kann, dass sie auch von anderen wahrgenommen werden. Die Schule lehrt unsere Kinder, wie andere Menschen auf dieser Erde dachten, was sie vollbrachten und wie sie auf die Herausforderungen des Lebens reagierten.

Die Schule ist für ein Kind also ein Ort der Vertiefung seines Wissens und seiner Entdeckungen. Die Schule soll dem Kind helfen, seine Träume zu verwirklichen. Aus vielen

Gründen gelingt dies jedoch nicht immer. Als Eltern können Sie jedoch viel dafür tun, dass die Schule die natürlichen Begabungen Ihres Kindes so weit wie möglich unterstützt. Dazu müssen Sie darauf achten, wie seine Träume und Interessen dort gefördert werden.

Manchen Lehrern gelingt es, auch „trockene" Inhalte anschaulich darzustellen. Davon profitieren Kinder in besonderer Weise.

Letzten Sommer nahm Mary ihre Kinder mit nach Disneyland. Als man auf das nächtliche Feuerwerk wartete, ertönte plötzlich klassische Musik. Von 15 Stücken erkannte Marys Tochter Nicole zehn. Mary hatte weder gewusst, dass Nicole in der Schule so viel klassische Musik gehört hatte, noch dass ihr diese Musik so sehr gefiel.

Im Fach Gemeinschaftskunde behandelte man das Thema Einwanderung. Die Schüler erhielten Aufgaben, die ihnen persönliche Erfahrungen mit Einwanderern vermitteln sollten. Einige Schüler sammelten Familienfotos und zeichneten Stammbäume mit dem Datum der Ankunft ihrer Vorfahren in Amerika. Brian beschloss, heutige Einwanderer zu interviewen. Peris, meine beste Freundin, stammt aus Jugoslawien; sie spricht Serbokroatisch und hat eine Freundin namens Esma, die erst vor wenigen Jahren nach Amerika kam. Die Aussicht, Esma zu interviewen, begeisterte Brian, obwohl (vielleicht auch weil) sie nur wenig Englisch sprach. Esma lud Brian zum Abendessen ein und Peris kam als Dolmetscherin mit. Diese Erfahrung verstärkte sein Interesse an Sprachen und seine Neugier auf die Kultur anderer Menschen. Er lernte viel dazu.

- In welchen Bereichen förderte die Schule Ihr Kind bisher am intensivsten?
- In welchem Fach hat Ihr Kind etwas gefunden, das ihm Spaß macht?

- Welche schulischen Erlebnisse begeisterten es am meisten?
- Bei welchem Unterrichtsstoff konnten Sie ihm nicht helfen?
- Über welche Dinge, an die es zuvor nie gedacht hat, macht sich Ihr Kind jetzt Gedanken?

Mehr als diese Erfolgserlebnisse dürfen Sie von der Schule nicht erwarten. Es liegt nun an Ihnen, Ihrem Kind die Möglichkeit zu eröffnen, sich eingehender mit seinen Interessen zu beschäftigen, als es in der Schule möglich ist.
Erinnern Sie sich an vergangene Zeiten. Lassen Sie Bilder, Töne, Lieder, Gerüche und Vergnügungen wieder in sich aufsteigen. Fragen Sie die Großeltern und andere Bezugspersonen Ihres Kindes, an was sie sich erinnern. Konzentrieren Sie sich auf die Begabungen, Interessen und Träume Ihres Kindes, also auf die Dinge, die seinen Weg in die Zukunft markieren.

Zum Nachdenken

- *Haben Sie hinsichtlich der Interessen Ihres Kindes etwas entdeckt, das Sie vergessen oder noch gar nicht gewusst hatten?*
- *Wie könnte Ihr Kind Ihrer Meinung nach einen Bezug herstellen zwischen seinen Lieblingsbeschäftigungen und dem Schulstoff?*
- *Wie können Sie Ihrem Kind dabei helfen, außerhalb der Schule seinen Interessen nachzugehen?*

3. Kapitel

Die Organisation

Manche Kinder können im Chaos lernen; andere nur bei absoluter Ruhe und Ordnung. Welcher „Ordnungstyp“ ist Ihr Kind?

Das individuelle Ordnungssystem

Lange Zeit glaubte man, die Fähigkeit zum Organisieren sei angeboren – entweder man kann's oder man kann's nicht. Doch in Wirklichkeit ist jeder Mensch fähig, Ordnung zu halten. Jeder, der in dieser Welt zurechtkommen will, muss es auf die eine oder andere Weise tun. Allerdings scheint jeder sein eigenes System zu haben. Wie hält Ihr Kind Ordnung? Wie tun Sie es? Wenn sich Ihre Auffassung von Ordnung von derjenigen Ihres Kindes unterscheidet, bleiben Sie gelassen. Beobachten Sie einfach, wie Ihr Kind es schafft, den Überblick zu behalten.

Sprechen Sie mit Ihrem Kind über seine Organisation. Fragen Sie es, wie es sein Hobby organisiert oder seine Sammlung ordnet.

Unter Ordnung versteht jeder etwas anderes. Das muss man respektieren.

Im Alltag:

- Wie und wo bewahrt Ihr Kind seine Fußballbilder auf?
- Wie achtet es auf sein Sportzeug und seine Stofftiere?
- Wie und wo bewahrt Ihr Kind CDs, Notenblätter, Basteleien und Souvenirs auf?
- Präsentiert es seine Sachen gern in ansprechender Weise?
- Bewahrt es seine Sachen nach einem bestimmten System auf?
- Bewahrt es Dinge, die ihm wichtig sind, an ganz bestimmten Stellen auf, um sie später leicht zu finden?
- Nach welchem System räumt Ihr Kind sein Zimmer auf?

Bei den Hausaufgaben:

- Wie behält Ihr Kind den Überblick über seine Aufgaben?
- Wie merkt sich Ihr Kind, welche Dinge es mit nach Hause bringen muss und welche nicht?

- Welche Vorkehrungen trifft Ihr Kind, damit es seine Schulsachen schnell findet?

Ordnung halten bedeutet, ein System von Gedächtnisstützen aufzubauen. Wir fühlen uns in unserem Leben sicher, wenn uns folgende Dinge immer ganz klar sind:

- Was wir gern tun
- Was wir vollbracht haben
- Was wir tun wollen
- Was wir tun müssen
- Was wir brauchen, um all das zu tun
- Wo wir finden, was wir brauchen

Unsere Ordnung soll uns ermöglichen, den Alltag zu bewältigen.

Man kann dabei nicht einfach das Ordnungssystem eines anderen Menschen übernehmen. Jeder Mensch braucht seine individuelle Form der Organisation. Betrachten wir einige Beispiele aus der Schule und der Familie.

Ich schluckte gerade den letzten Bissen meines Vesperbrotes hinunter und korrigierte dabei einen Stapel Tests, als Sandra, die vor meiner Taschenbuchsammlung auf dem Boden saß, fragte: „Glauben Sie nicht, es würde besser aussehen, wenn Sie die kleinen Bücher auf ein Regal stellen und die größeren auf ein anderes? Ich könnte die Bücher jeweils alphabetisch anordnen, damit man sie leichter findet. Soll ich's mal versuchen?" Sandra blieb in den Pausen gern im Klassenzimmer, um mir beim Aufräumen zu helfen. Ich ließ sie meist gewähren. Sie hatte einen echten Sinn für Ordnung und Präsentation. Manchmal bot sie auch an, Christines Schulbank aufzuräumen. Das Mädchen saß hinter ihr und machte sie mit dem „hässlichen Durcheinander" auf seiner Bank fast verrückt. Christine jedoch ließ Sandra nie an ihre Bank heran. Sie wollte nicht, dass andere sich in ihre Unordnung ein-

mischten. Sie selbst wusste ganz genau, wo ihre Sachen lagen, auch wenn sonst niemand ein System in dem Chaos erkennen konnte.

In Brians Zimmer geht es mir manchmal wie Sandra bei Christines Bank. Mein Motto beim Ordnung-Halten lautet: „Ein Platz für alles und alles an seinem Platz", während Brians Leitspruch lautet: „Lass alles, wo es ist! Dann weiß ich, wo ich's finde." Manchmal reißt mir der Geduldsfaden und ich bestehe darauf, dass wir zusammen aufräumen. Anders als Christine mag es Brian, wenn ich ihm beim Aufräumen helfe. Und ich freue mich, wenn ich ab und zu mal den Fußboden erkennen kann. Der Versuch, Brians Unordnung nach meinen Vorstellungen aufzulösen, schlug jedoch immer fehl. Das wird wohl auch in Zukunft so sein. Brian und ich ordnen unsere Sachen nach einem ganz anderen Schema; ich kann ihm nur helfen, sein System zu verstehen.

Wie behält man den Überblick?

Eine allgemein gültige „Ordnung" gibt es nicht. Jeder orientiert sich auf andere Weise.

Das Aufräumen wird normalerweise als visuelle Angelegenheit betrachtet. Jemand hält „Ordnung", wenn optisch kein Chaos vorherrscht und alles aufgeräumt ist. Jedes Ding sollte übersichtlich an seinem bestimmten Platz stehen.

Auch Terminplaner usw. bauen auf dieser „Optik" auf, da man Termine und anderes ordentlich und übersichtlich in klar strukturierte Kalender einträgt. Doch nicht jeder arbeitet gern mit Listen und Kalendern oder hält es für notwendig, dass alles sauber und ordentlich aussieht.

Es gibt durchaus auch Menschen, die im Chaos den Überblick behalten und instinktiv zu wissen scheinen, wohin sie greifen müssen, um das Gewünschte zu finden. Sollte man sie zur „Ordnung" erziehen?

Wir behalten den Überblick durch Sehen, Hören und Berühren unserer Sachen und Aufgaben; jeder besitzt dabei bestimmt ein oder zwei besonders wirksame Methoden. Manche Menschen halten optisch Ordnung, mit ihren Augen; sie konzentrieren sich darauf, wie ihre Umgebung aussieht. Andere halten Ordnung mit Hilfe ihrer Hände oder ihres Körpers; sie konzentrieren sich darauf, was wohin passt und wie die Dinge am besten funktionieren. Wieder andere ordnen ihre Welt akustisch, mit Hilfe von Worten und Begriffen; sie konzentrieren sich auf den Klang der Dinge.

Wie setzt Ihr Kind Hände, Augen und Wörter ein, um den Überblick zu behalten?

Die Hausaufgaben organisiert Brian akustisch und kinästhetisch, d. h. über körperliches Handeln. Er erinnert sich leichter an seine Aufgaben, wenn er sie laut aufzählt. Dies funktioniert bei ihm viel besser, als wenn er sein Hausaufgabenheft durchliest. Wenn er in seinem Zimmer zu einer anderen Beschäftigung wechselt, lässt er das, was er gerade in der Hand hält, einfach fallen. Offene Kisten und Regale helfen ihm, Bücher und Sportsachen schnell zu verstauen. Statt einem Ringbuch mit farbigen Trennblättern (eine optische Form der Organisation) hat Brian lieber Prospekthüllen, in die er schnell seine Blätter stecken kann (ein handelndes Ordnen).

Die folgenden Vorschläge helfen Ihrem Kind dabei, sein eigenes Ordnungssystem zu entwickeln. Probieren Sie aus, was am besten funktioniert. Erinnern Sie Ihr Kind daran, immer auf diese drei einfachen Fragen zurückzukommen:

- Was hilft mir dabei, mich an das zu erinnern, was ich tun muss?

- Was hilft mir dabei, mich an die Dinge zu erinnern, die ich brauche, um dies zu tun?
- Wie kann ich das, was ich brauche, so verstauen, dass ich es schnell wiederfinde?

Die drei Formen der Organisation

Wir haben gesehen, dass es beim Ordnunghalten, wie bei jeder Tätigkeit, drei grundlegende Vorgehensweisen gibt, die dem individuellen Wahrnehmungsstil entsprechen. Der eine Mensch schafft Ordnung in erster Linie über die Optik, der andere durch akustische Hilfen und der dritte mit Hilfe kinästhethischer Möglichkeiten. Betrachten wir im Einzelnen, wie diese Hilfen aussehen können.

Ordnunghalten durch handelndes Tun (kinästhetisch)

- Überprüfen Sie, ob der Schulranzen Ihres Kindes verschiedene Fächer hat, sodass der Inhalt geordnet werden kann. Legen Sie dann im Ranzen ein Fach fest, in das das Kind die Bücher stellt, die es an diesem Tag nicht mehr braucht.
- Legen Sie die erforderlichen Bücher und Hefte in der Reihenfolge auf einen Stapel auf den Arbeitstisch, in der die jeweiligen Aufgaben getan werden müssen.
- Bewahren Sie Schulutensilien in Behältern unterschiedlicher Form und Größe auf – z. B. Frischhaltedosen oder Körbe –, damit das Kind sofort weiß, was darin ist.

Ordnunghalten durch Hören (akustisch)

- Suchen Sie mit Ihrem Kind einen Freund zum gemeinsamen Lernen. Die Kinder sollen sich täglich

verabreden, um die nachmittags zu erledigenden Aufgaben zu besprechen.
- Mit einem kleinen Kassettenrekorder lassen sich die Aufgaben festhalten.
- Zählen Sie mit dem Kind die benötigten Utensilien laut und wiederholt auf.
- Erinnern Sie das Kind mit einem Reim an benötigte Sachen und zu erledigende Aufgaben.
- Nummerieren Sie zusammen mit dem Kind die zu erledigenden Arbeiten.

Ordnunghalten durch Sehen (visuell)

- Erstellen Sie eine Liste mit den zu erledigenden Aufgaben und markieren Sie diese je nach Schulfach in einer anderen Farbe.
- Lassen Sie Ihr Kind in der Schule jede Hausaufgabe auf einen anderen Zettel aufschreiben. Ordnen Sie die Zettel dann zu Hause in der Reihenfolge, in der die Aufgaben auszuführen sind.
- Legen Sie für jedes Schulfach einen Ordner oder ein Heft in einer anderen Farbe an; geben Sie den entsprechenden Schulbüchern einen Einband in derselben Farbe.
- Verwenden Sie für jedes Schulfach einen eigenen Notizblock.
- Verwenden Sie nur Kalender, die für jeden Tag eine Seite vorgesehen haben.
- Verwenden Sie ein Notizbuch, in dem für jedes Schulfach ein Abschnitt reserviert ist.
- Hängen Sie zur Übersicht für die längerfristige Terminplanung einen großen Kalender auf, bei dem mindestens ein Monat auf einen Blick überschaut werden kann.

Regen Sie Ihr Kind an, sein eigenes Ordnungssystem zu entwickeln.

Denken Sie daran, dass es darum geht, Ihrem Kind sein eigenes Ordnungssystem bewusst zu machen. Denken Sie sich eigene Vorschläge aus. Überlegen Sie sich, wie Ihr Kind mit all seinen Sinnen Ordnung halten kann. Helfen Sie ihm, lustigere und effektivere Wege zu finden, den Überblick über seine Sachen zu behalten.

Zum Nachdenken

- *Was haben Sie über die Art und Weise, wie Ihr Kind selbst Ordnung hält, herausgefunden?*
- *Welche der Vorschläge haben die Fähigkeit Ihres Kindes gestärkt, den Überblick über Dinge und Aufgaben zu behalten?*
- *Auf welche Weise ermöglicht das Ordnungssystem Ihres Kindes ihm, sich an das zu erinnern, was es tun und lernen will, und an das, was es tun und lernen muss?*

4. Kapitel

Leistungsfähigkeit und Zeitmanagement

Manche Kinder trödeln den ganzen Nachmittag an den Hausaufgaben herum. Dabei könnten sie viel effektiver arbeiten, wenn sie ihre Leistungskurve berücksichtigen würden.

Die Erstellung eines Lernplans

In unserer schnelllebigen Zeit sind Zeit und Energie wertvolle Ressourcen, mit denen man sorgfältig haushalten sollte. Ein Tag hat 24 Stunden, doch sind wir nicht zu jeder Tageszeit gleich leistungsfähig. Unsere körperliche und geistige Leistungsbereitschaft unterliegt vielmehr tageszeitlichen Schwankungen. In diesem Kapitel erfahren Sie und Ihr Kind, wie man Zeit effektiv nutzt und einteilt und die individuellen Leistungshochs erkennt. Dann hat Ihr Kind nach Erledigung seiner Hausaufgaben noch genug Zeit und Energie für andere Interessen.

Zur Planung der nachmittäglichen Hausaufgaben stellen sich vier verschiedene Fragenkomplexe. Formulieren wir diese Fragen zunächst und gehen sie anschließend der Reihe nach durch.

Das Kind sollte lernen, mit Zeit und Energie sinnvoll umzugehen.

1. Wie steht es um die Leistungsbereitschaft Ihres Kindes? Wie kann man seine Konzentration aufrechterhalten? Wann soll das Kind seine Hausaufgaben machen?
2. Welche Aufgaben sind zu erledigen? Welchen Aufwand und wie viel Konzentration erfordert jede einzelne Aufgabe? Wie plant das Kind also seine Hausaufgaben am besten?
3. Wie lange braucht Ihr Kind für die einzelnen Aufgaben? Wie viel Zeit steht zur Verfügung?
4. In welcher Reihenfolge erledigt Ihr Kind seine Aufgaben am sinnvollsten?

Wann soll das Kind seine Hausaufgaben machen?

Um diese Frage zu beantworten, müssen wir zunächst detaillierter nachhaken:

- Wie steht es um die Leistungsfähigkeit Ihres Kindes?

- Wie kann man seine Konzentration aufrechterhalten?
- Überlegen Sie, welchen Biorhythmus Ihr Kind hat: Wann hat es nachmittags am meisten Energie? Wann hat es seine Tiefpunkte? Wie lässt sich diese Kurve beeinflussen? Sie können sicherlich gleich bleibende tägliche Verläufe feststellen.

Wie geht es Ihrem Kind nach der Schule, von 13 bis 16 Uhr?

- Kommt es sprühend vor Energie nach Hause?
- Ist es nach der Schule müde? Muss es sich ausruhen?
- Kommt es hungrig nach Hause?
- Welche Nahrungsmittel machen es wieder leistungsfähig?
- Welche der Speisen, die Ihr Kind gern isst, wirken sich eher nachteilig auf seine Konzentrationsfähigkeit aus?
- Beginnt Ihr Kind sofort mit den Hausaufgaben oder erledigt es sie lieber am Abend?

Wie steht es zwischen 16 und 19 Uhr um die Leistungsfähigkeit Ihres Kindes?

- Muss es vor dem Abendessen spielen und ausruhen?
- Wird es nach dem Essen so schläfrig, dass es sich zu nichts mehr aufraffen mag?
- Wann beginnt Ihr Kind von selbst – ohne Aufforderung – mit seinen Hausaufgaben?
- Wann sollte Ihr Kind in der Regel mit den Hausaufgaben beginnen, um alles bewältigen zu können?

Wie fit ist Ihr Kind zwischen 19 und 21 Uhr?

- Wann hat Ihr Kind am meisten Energie? Wann am wenigsten?

- Wann wird Ihr Kind abends wieder munter?
- Wann wird Ihr Kind abends müde?
- Hat es im Verlauf des Abends einen toten Punkt?
- Wann muss Ihr Kind spätestens ins Bett?

Einen Ausgleich schaffen

Bevor es konzentriert arbeiten kann, braucht das Kind zunächst eine Entspannungsphase und einen Ausgleich zum vormittäglichen Unterricht.

Der Lernprozess besteht aus zwei Teilen, ähnlich der Atmung. Beim „Einatmen" des Lernens nimmt ein Kind seine Umgebung mit den Sinnen auf. Es liest ein Buch, hört dem Lehrer zu, berührt seine Spielsachen oder macht neue Erfahrungen. Beim „Ausatmen" des Lernens zeigt das Kind, wie es sich diese Erfahrungen angeeignet hat und was es kann. Es schreibt einen Aufsatz, beantwortet Fragen des Lehrers, führt ein Experiment durch oder treibt Sport.

Unser Verstand arbeitet am besten, wenn sich „Einatmen" und „Ausatmen" im Gleichgewicht befinden. Wenn ein Kind also nach Hause kommt, braucht sein Kopf erst einmal einen Ausgleich zum Vormittag. Wenn es den ganzen Morgen still saß und zuhörte, muss es sich nachmittags vielleicht erst körperlich betätigen, um überschüssige Energie loszuwerden. Umgekehrt muss es sich zu Hause erst erholen, wenn es morgens sehr aktiv war.

Achten Sie darauf, was Ihr Kind nach der Schule instinktiv tun will. Seine Bedürfnisse können schwanken; an manchen Tagen kann sein Wunsch nach einem Ausgleich stärker ausgeprägt sein als an anderen. Lassen Sie Ihr Kind so oft wie möglich nachmittags erst das tun, worauf es Lust hat. Dann kann es später ausgeglichen und erholt an die Hausaufgaben gehen. Viele Kinder brauchen zwischen Schule und Hausaufgaben zuerst etwas Zeit, um sich auszutoben. Andere Kinder haben andere Bedürfnisse, z. B. lesen, Klavier spielen oder Lego bauen.

Bei der Erstellung eines Hausaufgabenplans muss die

Leistungskurve Ihres Kindes berücksichtigt werden. Probieren Sie aus, wobei sich Ihr Kind nach der Schule am besten erholt. Musik hören? Comics lesen? Ein Bild malen? Vögel beobachten? Rad fahren? In der Sonne sitzen?

An manchen Tagen braucht das Kind eine längere Erholungsphase. Dann verschiebt sich auch die Hausaufgabenzeit.

Manchmal ist die Art der Hausaufgabenstellung selbst schon ein Ausgleich für die Schule. So musste Brian einmal den Unterrichtsstoff mit einigen Experimenten daheim einüben. Das war für ihn ein wunderbares Gegengewicht zum passiven Zuhören in der Schule.

Passen Sie Zeitpunkt und Ablauf der Hausaufgaben jeden Tag an die Bedürfnisse Ihres Kindes und die zu erledigenden Aufgaben an.

Die Planung der Hausaufgaben

Um die Hausaufgaben effektiv zu erledigen, ist eine Planung sinnvoll. Dazu stellen sich folgende Fragen:

- Welche Aufgaben sind zu erledigen?
- Welchen Aufwand und wie viel Konzentration erfordert jede einzelne Aufgabe?

Besser als einfach drauflos zu arbeiten, ist es, eine sinnvolle Reihenfolge der Hausaufgaben festzulegen.

Die Hausaufgaben setzen sich in der Regel aus verschiedenen Teilen zusammen. Sehen Sie sich die folgende Liste kurz- und langfristiger Aufgaben und Ziele an.

Kurzfristige, klar definierte Aufgaben:

- Rechtschreibung bestimmter Wörter üben
- Rechenaufgaben lösen
- Textaufgaben lösen

- Aufsätze schreiben
- Lesen und sich das Gelesene einprägen
- Lesestoff zusammenfassen und Fragen zum Textverständnis beantworten
- Vokabeln lernen

Langfristige Aufgaben, die Planung erfordern:

- selbstständige Lektüre, z. B. für ein Referat
- ein Referat vorbereiten
- ein Referat schreiben
- auf eine Arbeit lernen
- den Text für eine Theateraufführung auswendig lernen
- Inhaltsangabe eines Buches erstellen und evtl. illustrieren
- eine Arbeit für den Werk- oder Kunstunterricht fertig stellen

Nach dieser ersten Einteilung stellen Sie folgende Fragen:

- Welche Aufgaben fallen Ihrem Kind leicht und/oder machen ihm Spaß?
- Welche Aufgaben sind gleich bleibend schwierig?
- Welche Aufgaben sind zwar anstrengend, aber zu bewältigen?

Achten Sie darauf, dass sich Ihr Kind nicht den halben Nachmittag an „schwierigen" Aufgaben verhakt.

Bei der Erstellung eines Hausaufgabenplans müssen Sie diese verschiedenen Aufgabentypen berücksichtigen. Manche Arbeiten geht man voller Schwung und Ehrgeiz an, andere lustlos und unkonzentriert. Willi arbeitet gern mit den Händen, hat aber Angst davor, mündlich abgefragt zu werden. Robin hingegen hat keine Probleme mit dem Lesen und Schreiben, während ihm Zeichnen und Malen große Mühe bereiten. Sandra wiederum verziert jedes Blatt Papier mit Zeichnungen, kann ihr Wissen jedoch nicht in Worte umsetzen.

Wenn Sie also den Ablauf der nachmittäglichen Hausaufgaben planen und besprechen, achten Sie besonders auf die Tätigkeiten, die mehr Zeit und Energie erfordern. Was dem einen leicht fällt, zieht sich bei dem anderen endlos hin. Der eine buchstabiert ein Wort mühelos, der andere muss sich dafür sehr anstrengen. Sie können Ihrem Kind die Hausaufgaben erleichtern, wenn Sie bei der Planung seine individuellen Stärken und Schwächen berücksichtigen.

Der Zeitaufwand für einzelne Aufgaben

Um den Lernplan fertig zu stellen, fragen wir also abschließend:

- Wie lange braucht das Kind für die einzelnen Aufgaben?
- Wie viel Zeit steht zur Verfügung?

Das Kind soll lernen, selbst den Zeitaufwand für einzelne Aufgaben einzuschätzen.

Sobald wir schwierige und einfache Aufgaben unterschieden haben, können wir den Ablauf der Hausaufgaben festlegen. Überschlagen Sie, wie viel Zeit Ihnen zur Verfügung steht. Stellen Sie fest, ob Ihr Kind bereits fähig ist, die Zeit, die es für die Hausaufgaben braucht, richtig einzuschätzen.

- Wie viel Zeit steht insgesamt zur Verfügung?
- Wie viel Zeit haben wir vor dem Abendessen?
- Wie viel Zeit haben wir zwischen dem Abendessen und dem Zubettgehen? Müssen/wollen wir diese Zeit für die Hausaufgaben nutzen?
- Wann muss das Kind ins Bett gehen, um am nächsten Morgen ausgeruht zu sein?
- Wie genau kann Ihr Kind die Zeit abschätzen, die es zum Buchstabieren eines Worts, zum Lösen einer Rechenaufgabe, zum Zähneputzen und zum Aufräumen benötigt?

- Ist Ihr Kind fähig, bestimmte Aufgaben, z. B. das Lernen auf einen Test, das Schreiben eines Aufsatzes oder die Pflege eines Haustiers, in einzelne Schritte zu zerlegen?

Den Zeitbedarf richtig einschätzen

Längerfristige Projekte erfordern eine realistische Zeitplanung.

Viele Menschen haben große Schwierigkeiten, die Zeit für bestimmte Tätigkeiten einzuschätzen. Man sollte also seinem Kind dabei helfen, diese Fähigkeit zu entwickeln.

Um sich eine Vorstellung vom Arbeitstempo des Kindes zu verschaffen, kann man durchaus einmal mit der Uhr arbeiten.

Beginnen Sie bei sich wiederholenden Aufgaben eines Typs. Stoppen Sie z. B. die Zeit, die Ihr Kind benötigt, um ein oder zwei Rechenoperationen durchzuführen. Muss es in Mathematik z. B. 20 Divisionen durchführen, stellen Sie fest, wie lange es für eine Rechnung braucht. Wenn Sie das Ergebnis mit 20 multiplizieren, wissen Sie, wie viel Zeit Ihr Kind für diese Aufgabe ungefähr benötigen wird.

Bei anderen Arbeiten können Sie in der gleichen Weise verfahren. Wie lange dauert es, 10 Seiten im Geschichtsbuch durchzulesen oder 30 Sätze aufzuschreiben? Achten Sie am Ende darauf, wie zutreffend Ihre Einschätzungen waren.

Bei langfristigen Projekten ist diese Zeiteinschätzung nicht weniger wichtig. Mark hatte vier Wochen Zeit, um ein Projekt im Erdkundeunterricht fertig zu stellen, bei dem er Informationen über zehn Länder sammeln und auswerten sollte. Am Abend vor dem Abgabetermin setzte er sich hin in der Annahme, er könne alles an einem Abend erledigen. Etwas zu spät entdeckte er, dass er für jedes Land mindestens 20 Minuten brauchte, um die Daten in ihrer endgültigen Form zusammenzustellen. Diese Zeit hatte er nun nicht mehr. Wäre ihm dies vorher klar gewesen, hätte er die Zeit besser planen können.

Bei weniger klar strukturierten Aufgaben, z. B. Lernen auf eine Arbeit, ist es schwieriger, den Zeitbedarf richtig einzuschätzen. In diesem Fall können Sie für jedes Thema, das im Test abgefragt wird, z. B. 15 Minuten veranschlagen. Bei drei Themen bereitet sich das Kind also 45 Minuten lang auf die Arbeit vor.

Natürlich hängt der Zeitbedarf aber auch sehr stark vom Vorwissen und der Konzentrationsfähigkeit des Kindes sowie der Komplexität des Themas ab. Achten Sie auch hier wieder darauf, wie genau Ihre Einschätzungen sind. Ihr Kind wird so im Lauf der Zeit immer besser einschätzen können, wie lange es für bestimmte Tätigkeiten braucht. Diese Fähigkeit wird ihm vor allem dann zugute kommen, wenn es viele Dinge in kurzer Zeit erledigen muss. Widerstehen Sie der Versuchung, die Zeitplanung für Ihr Kind zu tun. Helfen Sie Ihrem Kind stattdessen dabei, selbst herauszufinden, wie es etwas planen und die erforderliche Zeit richtig einschätzen kann.

Wenn Sie abgeschätzt haben, wie lange Ihr Kind an diesem Nachmittag an seinen Hausaufgaben sitzen wird, überlegen Sie, wie Sie die einzelnen Aufgaben auf die verfügbare Zeit verteilen.

Berücksichtigen Sie bei Ihrer Planung neben den Hausaufgaben auch Ihren normalen Tagesablauf sowie Entspannungsphasen für Ihr Kind.

Die richtige Reihenfolge

Wir wollen nun noch erfahren, in welcher Reihenfolge Ihr Kind seine Aufgaben am sinnvollsten erledigt.

Überlegen Sie, wie Ihr Kind normalerweise an seine Hausaufgaben herangeht:

- Erledigt Ihr Kind die einzelnen Fächer immer in der gleichen Reihenfolge?

- Erledigt es das Einfache zuerst, um es vom Tisch zu haben?
- Beginnt es mit den Aufgaben, die es gern mag?
- Packt es zuerst die schwierigeren Fächer an?
- Muss es sich für die schwierigen Fächer erst „aufwärmen"?
- Scheitert Ihr Kind bei den schwierigen Aufgaben häufig?

Manche Kinder schieben „schwierige" Aufgaben den ganzen Nachmittag vor sich her.

An Tagen, an denen wenig auf ist, sind Sie natürlich sehr flexibel. Bei umfangreichen Hausaufgaben jedoch kann die Reihenfolge der einzelnen Arbeiten für den Erfolg entscheidend sein. Es steht Ihnen natürlich frei, welche Reihenfolge Sie wählen. Finden Sie heraus, welche für Ihr Kind die beste ist. Helfen Sie ihm dann dabei, sich so zu organisieren, dass es im Einklang mit seiner Leistungskurve arbeiten kann. Wenn Ihrem Kind das Rechnen leicht fällt und Spaß macht, beginnen Sie an den Tagen, wo es wenig Lust zu arbeiten hat, mit den Rechenaufgaben. Hat es Probleme mit dem Verfassen von Aufsätzen, achten Sie darauf, dass es wach und erholt ist, wenn es einen Aufsatz schreiben muss.

Wenn Ihr Kind gern malt, bastelt oder häkelt, soll es dies zunächst 15 Minuten lang tun – dies kommt seiner Konzentration zugute. Hat es Angst vor einem Referat oder einer mündlichen Prüfung, sollte es sich zuerst darauf vorbereiten und anschließend zu den leichteren und angenehmeren Aufgaben übergehen.

Ziehen Sie bei der Planung der Hausaufgaben auch das Interesse des Kindes an den einzelnen Fächern in Betracht. Einige Kinder arbeiten am besten, wenn sie mit ihren Lieblingsfächern beginnen; andere machen das Unangenehme zuerst und belohnen sich dann mit ihren Lieblingsfächern. Johannes möchte eine Aufgabe immer erst ganz erledigen, bevor er zur nächsten übergeht. Bei Sarah erlahmt die Konzentration rasch. Längere Mathematikaufgaben teilt sie darum in zwei Teile, zwischen denen sie andere Fächer erledigt. Jan trifft sich vor wichtigen Arbeiten mit seinen Freunden zu Marathonsitzungen, bei denen sich die Kinder zwei bis drei Stunden lang gegenseitig Fragen stellen. Jenny wiederum unterteilt den Prüfungsstoff in viele kleine Teile und lässt sich dann eine Woche Zeit, um jeden Tag ein bisschen zu lernen.

Um Ihrem Kind eine mittelfristige Planung zu ermöglichen, besprechen Sie mit ihm bei starker Arbeitsbelastung folgende Fragen:

- Welche Aufgaben müssen unbedingt fertig gestellt werden?
- Welche Abgabetermine gibt es für die einzelnen Aufgaben?
- Bei welchen Aufgaben lohnt sich der Einsatz am meisten?
- Auf welche Aufgaben legt welcher Lehrer am meisten Gewicht?
- Welche Aufgaben werden am besten in zwei Schritten erledigt?
- Bei welchen Aufgaben ist eine spätere Wiederholungsphase sinnvoll oder notwendig?

Es kann die Lernfähigkeit Ihres Kindes entscheidend verbessern, wenn Sie mit ihm über diese Fragen sprechen und einen Hausaufgabenplan erstellen.

Vergessen Sie jedoch nie, dass die Hausaufgaben zwar ein wichtiger Teil des Schülerdaseins sind, Ihr Kind jedoch unbedingt auch einen Ausgleich braucht. Geben Sie ihm die Zeit, seinen Hobbys nachzugehen und auch einmal einfach nichts zu tun.

Zum Nachdenken

- *Was haben Sie über die tägliche Leistungskurve Ihres Kindes erfahren?*
- *Auf welche Weise stellt Ihr Kind selbst einen Ausgleich her? Wie bringt es sich ins Gleichgewicht?*
- *Wie können Sie Ihrem Kind am besten dabei helfen, den Zeitaufwand richtig einzuschätzen?*
- *Wie findet man die richtige Reihenfolge für die Hausaufgaben?*
- *Wie können Sie Ihrem Kind dabei helfen, Zeit zu finden für seine Träume und Interessen?*

5. Kapitel

Ganzheitlich lernen mit Körper, Seele und Geist

Schule und Hausaufgaben haben häufig wenig mit dem „echten" Leben des Kindes zu tun. Doch oft kann man eine Beziehung herstellen – dann lernt es sich viel leichter!

Hausaufgaben und das „richtige" Leben

Das Kind muss die Sinnhaftigkeit des Lernstoffes erfahren.

Ihr wichtigster Part bei den Hausaufgaben besteht darin, Ihrem Kind einen Bezug zwischen den Aufgaben und seinem „richtigen" Leben aufzuzeigen. Sie müssen Ihrem Kind helfen, eigene Erinnerungen, Erfahrungen und Interessen in seine Arbeit einzubringen. Es soll an die Hausaufgaben so herangehen wie an andere Dinge, die es gern macht.

Machen wir eine kurze Pause und überlegen, was bei den einzelnen Fächern und Aufgaben das Interesse Ihres Kindes wecken könnte.

- Welches sind die Lieblingsfächer Ihres Kindes?
- Welche Fächer kommen seinen Interessen entgegen?
- Welche Fächer wecken neue Interessen?
- Was haben die Lieblingsfächer des Kindes miteinander gemeinsam?
- Wie haben sich die Vorlieben Ihres Kindes für einzelne Fächer im Lauf der Jahre verändert?
- Warum haben sich Ihrer Meinung nach diese Vorlieben verändert?
- Welche Lehrer mag Ihr Kind am liebsten?
- Warum kommt es mit diesen Lehrern so gut zurecht?
- Wie nähert sich Ihr Kind normalerweise einem neuen Interessensgebiet? Liest es ein Buch zu dem Thema? Spricht es mit seinen Freunden darüber? Probiert es etwas aus?

Beginnen Sie die Hausaufgaben mit den drei Grundfragen:

- „Worum geht es?"
- „Was lernst du dabei?"
- „Wie gehst du es am besten an?"

Auf diese Weise kann Ihr Kind eine Beziehung zu seinen bisherigen Kenntnissen herstellen und sich dadurch besser auf seine Arbeit konzentrieren. Stellen Sie die folgenden Fragen:

- Worum geht es bei dieser Aufgabe?
- Was weißt du schon darüber?
- Was ist der Sinn dieser Aufgabe? Was hat sie mit dem Unterrichtsfach zu tun?
  Wird hier eine bereits erworbene Fähigkeit oder ein schon besprochenes Thema geprüft?
  Ist es eine Einführung in neue Informationen?
  Geht es darum, eine im Unterricht erlernte Fähigkeit zu festigen?
  Dient diese Aufgabe der Vertiefung des behandelten Unterrichtsstoffes?
  Bietet sie die Gelegenheit zu zeigen, was man kann?
  Ist sie eine Vorbereitung auf einen Test?
  Ist sie Teil einer größeren Aufgabe?
- Was erwartet der Lehrer?
- Wie gut willst du die Aufgabe erledigen?

Anfangs hakte ich diese Fragen mit Brian nur schnell ab; doch bald entdeckte ich, dass es Brians Konzentration förderte, wenn er sich ausführlicher mit diesen Fragen befasste. Wir finden dabei gemeinsam heraus, mit welchen Aufgaben wir am besten beginnen; ich erfahre, wie Brian über die jeweiligen Aufgaben denkt und was er alles lernen muss. So bleibe ich auf dem Laufenden und weiß, was in der Schule gerade durchgenommen wird. Dann fällt es mir auch leichter, Beziehungen herzustellen zwischen dem Lernstoff und Brians Interessen und seinem Alltag.

Leiten Sie Ihr Kind dazu an, genau zu formulieren, was es zu tun hat.

Worum geht es?

Als Brian einmal für Sachkunde einen Text lesen musste, fragte ich also: „Worum geht es?" Er gab zur Antwort: „Wir lernen gerade, wie Wissenschaftler arbeiten und forschen. Darüber haben wir heute in der Schule gesprochen. Aber sonst weiß ich darüber noch gar nichts. Ich muss aber nur fünf Seiten lesen. Das ist einfach." Zu den Mathematikaufgaben hatte er mehr zu sagen: „Der Lehrer will wissen, ob wir die vier Grundrechenarten noch beherrschen. Die ersten drei Aufgaben sind leicht, aber ich weiß nicht mehr, wie man dividiert." Auch die übrigen Aufgaben wusste er ausführlich zu kommentieren: „Da muss ich vier Fragen beantworten, wie mir Lesen gefällt. Herr Fenland möchte wissen, was wir dabei fühlen. Darüber habe ich noch nie nachgedacht, aber ich glaube, das kriege ich schon hin. Ich will es auf jeden Fall gut machen."

Stellen Sie immer einen Zusammenhang zwischen den Lerninhalten und der Lebenswelt des Kindes her.

Nach diesem ausführlicheren Gespräch wusste ich besser, was Brian allein konnte und wo ich ihm helfen musste. Ich war nun vor unangenehmen Überraschungen gefeit, z. B. abends um acht festzustellen, dass Brian in Mathe nicht weiterkommt. Um die Zeit wäre ich auch nicht mehr in der Lage, ihm ruhig und geduldig etwas zu erklären.

Was lernst du dabei?

Die zweite einleitende Frage: „Was lernst du dabei?" gibt Ihnen und Ihrem Kind die Gelegenheit, die Beziehung zwischen den Hausaufgaben und seinen privaten Interessen zu erforschen. Besprechen Sie dabei die folgenden Punkte:

- Was findest du an dieser Aufgabe interessant?
- Was hat sie mit anderen Dingen zu tun, die du magst, die du immer machst, die du gern machen willst?
- Wie könnte dir diese Aufgabe nützen?
- Was kannst du über dich selbst lernen, wenn du diese Aufgabe erledigst?
- Was wirst du aus dieser Aufgabe lernen?

„Was lernst du dabei?“, ist möglicherweise die wichtigste Frage bei Ihren gemeinsamen Hausaufgabensitzungen. Sie fördern damit die natürliche Motivation Ihres Kindes und helfen ihm, einen tieferen Sinn in seiner Arbeit zu finden.

Betrachten wir einmal, wie Brian damals diese Fragen beantwortete. Über seine Sachkundeaufgabe sagte er: „Ich habe gar nicht gewusst, dass Johannes und ich auch so etwas wie Wissenschaftler sind, wenn wir am Fluss unsere Burg bauen. Wir haben eine Idee, probieren aus, ob sie funktioniert, und machen es dann mit der nächsten Idee genauso. Das ist cool. Jetzt bin ich mal gespannt, was ich darüber noch alles herausfinde.“ Zu der Matheaufgabe fiel ihm ein: „Ich mag Mathe und habe sonst auch keine Probleme damit. Es nervt mich nur, dass ich einfach nicht mehr weiß, wie man dividiert. Aber das bekomme ich heute Nachmittag schon noch heraus.“ Die dritte Aufgabe motivierte ihn in mehrerer Hinsicht: „Ich lese gern und will, dass der Lehrer das auch weiß. Nur das Schreiben mag ich nicht, weil es immer so lang dauert. Aber das werde ich schon auch noch in den Griff bekommen.“

Wenn Brian erst einmal motiviert ist, ist er in der Lage, sich auf seine Arbeit lange zu konzentrieren. Was jedoch, wenn eine Aufgabe völlig uninteressant ist, wenn sie für Sie und Ihr Kind überhaupt keine Bedeutung hat? Bei solchen Aufgaben kann man einiges über den persönlichen Lernstil herausfinden. Ihr Kind kann z. B. den besten Platz zum Lernen suchen: „Jetzt will ich doch mal wissen, ob ich mich im Schaukelstuhl oder auf dem Sofa besser konzentrieren kann.“ Auf diese Weise entdeckt Ihr Kind selbst bei den langweiligsten und schwierigsten Aufgaben noch eine interessante, motivierende Seite. Weitere Beispiele für diese Vorgehensweise:

- Jetzt will ich doch mal wissen, wie es ist, wenn ich die Hälfte der Hausaufgaben vor dem Abendessen mache.

- Ganz gleich, was passiert, ich stehe erst wieder auf, wenn ich alle Matheaufgaben gelöst habe.
- Ganz gleich, was passiert, ich lese jetzt 20 Minuten in diesem Buch und schreibe dann eine Zusammenfassung.

Wie gehst du es am besten an?

Nun sind die Rahmenbedingungen geschaffen. Ihr Kind macht sich an die Arbeit. „Wie gehst du es am besten an?", ist nun die dritte Frage, die wir gemeinsam beantworten müssen. Wir fragen, wie die Hausaufgaben erledigt werden sollen:

- Wie willst du diese Aufgabe angehen?
- Wie kannst du dich besser an das erinnern, was du heute gelernt hast?
- Wie könnte diese Aufgabe Spaß machen?

Es gibt viele Möglichkeiten, eine Aufgabe zu erledigen. Manche machen sogar Spaß.

Da es bei den Hausaufgaben in erster Linie um die Wissensvermittlung geht, sollte man sicherstellen, dass das Gelernte auch hängen bleibt. Wir erinnern uns vor allem an Dinge, die uns Vergnügen bereiten, spannend sind und all unsere Sinne in Anspruch nehmen. Hausaufgaben betrachten wir gewöhnlich als eine Mühsal, zu der wir unsere Kinder zwingen müssen. Wie wäre es aber, wenn Schulaufgaben Spaß machen würden?

Denken Sie an jene Erlebnisse aus Ihrer eigenen Schulzeit, die Sie nie vergessen werden. Welche Ihrer Sinne waren daran beteiligt? Für mich war der Besuch einer Gemüsekonservenfabrik ein solcher Höhepunkt. Ich war damals in der zweiten Klasse. Das Bild der riesigen Halle mit den gewaltigen, glänzenden Maschinen habe ich bis heute vor Augen. Am besten erinnere ich mich an den Geruch – ich hatte das Gefühl, ich wäre selbst in einem Gurkenglas. Man erzählte uns, wie die kleinen Gurken in das Glas kommen. Jeder durfte einmal kosten. Alle meine Sinne waren gefordert. Ich konnte es kaum erwarten, meinen Eltern alles zu erzählen.

Denken Sie nun an ein Erlebnis aus Ihrer Schulzeit, an das Sie sich kaum mehr erinnern. Mir fällt dazu der Literaturunterricht im Gymnasium ein. Wir lasen Romane und diskutierten darüber. Ich wäre am liebsten unsichtbar gewesen, denn ich interessierte mich nicht für Romane und las nur wenige der im Unterricht behandelten Bücher. Es gab dort absolut nichts, was mein Interesse geweckt hätte.

Bei den Hausaufgaben geht es unseren Kindern oft genauso. Aber das muss nicht so sein. Natürlich ist es nicht möglich, jeden Tag sämtliche Fächer bei Exkursionen zu vertiefen. Doch Sie sollten bei Ihrer täglichen Hausaufgabenplanung Raum für praktische Erlebnisse lassen, denn diese sprechen viele Sinne zugleich an.

Mit allen Sinnen lernen

Welcher Unterrichtsstil enthält nun die beste Mischung aus passivem Aufnehmen und aktivem Handeln? Denken wir noch einmal über die Lieblingslehrer unseres Kindes nach:

- Wie unterrichten sie?
- Wie gelingt es ihnen, Freude am Lernen zu wecken und die Kinder dauerhaft zu motivieren?
- Wie wird Ihr Kind dazu angeregt, sich auf neue Wege zu wagen?
- Welche neuen oder unbekannten Fähigkeiten Ihres Kindes werden in das Lernen miteinbezogen?

Nicht nur der Kopf muss beim Lernen aktiviert werden, sondern alle Sinne sollten angesprochen werden.

Aus diesen Fragen können wir ersehen, warum ein Kind auf einzelne Fächer unterschiedlich reagiert. Es liegt möglicherweise nicht nur an den Unterrichtsstoffen, sondern auch daran, wie die einzelnen Fächer unterrichtet werden. Dem einen Lehrer gelingt es, das Kind zu fesseln, dem anderen gelingt es durch seinen speziellen Unterrichtstil nicht.

Kinder reagieren also auf verschiedene Lehrmethoden ganz unterschiedlich.

Natalie z. B. freut sich, dass der Sachkundelehrer jede Woche neue Experimente durchführt; sie lernt gern mit den Händen und liebt es, Dinge auszuprobieren. Stefan wiederum hat zwei linke Hände; er lernt am besten, wenn er ein Buch liest oder einem Vortrag zuhört und das Gelernte dann bespricht.

Schon bevor sie eingeschult wurde, hatte Caitlin sich selbst das Lesen beigebracht. Obwohl sie gern und viel liest, würde sie nie behaupten, Lesen sei ihre Lieblingsbeschäftigung. Denn das Lesen in der Schule langweilt sie. Dafür mag sie Geschichte, weil der Lehrer die Kinder in vielfältiger Weise in den Unterricht miteinbezieht. Zu Beginn jeder Unterrichtsstunde wird in einem historischen Roman gelesen. Das macht Caitlin großen Spaß. Es folgen Diskussionen und Studien, die in einem „Erlebnistag" gipfeln, an dem die jeweilige Epoche mit ihren Spielen, Speisen, Künsten und Kleidungsstilen wieder lebendig wird. Caitlins beste Freundin Susanne hat Probleme beim Lesen; deshalb machte ihr der Geschichtsunterricht bis zum ersten „Erlebnistag" keine Freude. Inzwischen nimmt sie jedoch mit großem Vergnügen an den gemeinsamen Forschungen teil.

Erich ist ein Schüler, der gern liest und schreibt. Als er jedoch einmal Wörter mündlich buchstabieren sollte, schnitt er sehr schlecht ab. Er kann die Wörter zwar richtig schreiben, doch mündliches Buchstabieren fällt ihm schwer.

Verschiedene Lernstile

Kinästhetisch – Körper, Hände und Gefühle sind beteiligt.
Visuell – die Perspektive wird erweitert; es wird geschrieben und gemalt.
Akustisch – die Hörgewohnheiten werden verändert; Inhalte werden durch Worte, Töne oder Musik ausgedrückt.

Um Ihrem Kind optimal zu helfen, sollten Sie bei den Hausaufgaben unbedingt auf seinen individuellen Lernstil eingehen. Denken Sie einen Moment an die natürlichen Interessen Ihres Kindes. Gibt es eine Vorgehensweise, die dazu passt? Auf welche Weise hat Ihr Kind immer gern gelernt? Jeremys Mutter erzählte mir, dass ihr Sohn schon als Kleinkind endlos Fragen gestellt habe. Es überraschte mich daher nicht, dass er voller Freude in Arbeitsgruppen und bei Diskussionen in der Klasse seine Meinung äußerte und Fragen stellte. Willi hingegen wird beinahe verrückt, wenn im Unterricht zu viel gesprochen wird. Er liebt die Kunst, vor allem Bildhauerei und Fotografie. Er schafft gern schöne Dinge mit seinen Händen. Zu viel Gerede behindert seine Art zu lernen und kreativ zu sein. Brian reagierte sehr positiv auf seine Lehrerin, die Gitarre spielte und mit den Kindern sang. Ihr Unterrichtsstil entsprach seiner Liebe zur Musik. Welcher Lernstil fällt Ihnen bei Ihrem Kind auf?

Jedes Kind hat seine eigene Art und Weise, an Dinge heranzugehen.

Überlegen Sie beim Lesen der folgenden Liste, wo die Interessen und Begabungen Ihres Kindes liegen und welche

Bereiche ihm weniger entsprechen. Welche Sinne – Gehör, Sehsinn, Tastsinn – setzt Ihr Kind beim Lernen ein? Über welche Sinne drückt es sich am liebsten aus? Sie erhalten so Hinweise darauf, welche Arbeitsweise Ihrem Kind die Hausaufgaben erleichtern könnte.

Visueller Ausdruck (etwas Sichtbares schaffen)

- Zeichnen/anmalen
- Malen
- Einen Garten planen
- Blickkontakt herstellen
- Frisur und Schmuck auswählen
- Farbzusammenstellung
- Sein Zimmer dekorieren
- Einen Test durcharbeiten
- Handschrift üben
- Ein schwarzes Brett gestalten
- Eine Geschichte schreiben
- Ein Schaubild erstellen
- Notizen machen
- Satzstrukturen optisch darstellen

Akustischer Ausdruck (etwas Hörbares schaffen)

- Ein Gedicht aufsagen
- Eine Frage beantworten
- Eine mündliche Zusammenfassung geben
- Einen Reim erfinden
- Klangeffekte erzeugen
- Mit einem Freund sprechen
- Singen
- Einen Witz erzählen
- Um Hilfe bitten
- Ein Thema diskutieren
- Eine Rede halten
- Anweisungen erteilen

Kinästhetischer Ausdruck (mit Händen und Körper etwas tun oder schaffen, Gefühle ausdrücken)

- Eine Geschichte darstellen
- Ein wissenschaftliches Experiment durchführen
- Ein Modell basteln
- Würfeln
- Einen Bleistift spitzen
- Eine Funkstation betreiben
- Fußball spielen
- An der Tür rütteln
- Maschine schreiben
- Spazieren gehen
- Geschirr spülen
- Lachen/weinen
- In der Turnhalle trainieren

Visuelle Aufnahme (etwas sehen, beobachten, anschauen)

- Ein Buch lesen
- Ein Spiel anschauen
- Ein wissenschaftliches Experiment beobachten
- Einen Film anschauen
- Fernsehen
- Zeitschriften durchblättern
- Einer Vorführung zusehen
- In den Spiegel schauen
- Aus dem Fenster sehen
- Lesen, was auf der Tafel steht
- Menschen beim Einkaufen beobachten
- Die Sterne beobachten

Akustische Aufnahme (hören, zuhören)

Musik hören Einem Vortrag zuhören Ein Gespräch belauschen Ein Tonband anhören Eine andere Meinung anhören	Einer mündlichen Zusammenfassung zuhören Den Geräuschen der Natur lauschen Anweisungen entgegennehmen	Eine Stimme erkennen Seinen Namen hören Den Anrufbeantworter abhören

Kinästhetische Aufnahme (tasten, schmecken, riechen, empfinden)

Erdbeeren kosten Ein Modell berühren Interessanten Dingen nachgehen Den Regen auf dem Gesicht spüren Sich freuen	Den Körper bemalen Gewichte oder Zusammensetzungen vergleichen Einen Schluck Wasser trinken Das Mittagessen riechen	Ein Tier auf den Arm nehmen Schlafen

Es ist nicht ganz einfach, die einzelnen Sinne auseinander zu halten, denn an vielen Beschäftigungen sind mehrere Sinne beteiligt. Vielleicht setzt Ihr Kind bei seinen Lieblingsaktivitäten sogar alle Sinne ein. Beim Klavierspielen werden z. B. alle Sinne aktiviert: Durch das Ablesen vom Notenblatt (visuelle Aufnahme) werden mit Hilfe der Finger (kinästhetischer Ausdruck) Töne erzeugt (akustischer Ausdruck), während man gleichzeitig hört und spürt, was man spielt (akustische und kinästhetische Aufnahme). Es kann auch vorkommen, dass zwei Menschen dasselbe tun, sich dabei aber auf verschiedene Sinne konzentrieren, z. B. beim Malen. Der eine malt gern, um etwas Schönes zu schaffen (visuell orientiert). Für den anderen bietet das Malen vor allem die Gelegenheit, körperlich aktiv zu sein oder Gefühle auszudrücken (kinästhetisch orientiert).

Bei vielen Tätigkeiten werden verschiedene Sinne gleichzeitig aktiviert.

Jeder Mensch hat einen „Lieblingssinn"

Jeder Mensch setzt alle Sinne ein, um Informationen aufzunehmen oder sich auszudrücken. Doch jeder hat seine eigene Beziehung zu und Erfahrung mit diesen Organen. Jeder neigt dazu, einen bestimmten Sinn häufiger einzusetzen als die anderen. Der eine hat mit dem Singen und Musizieren mehr Erfahrung als mit dem Malen und Zeichnen. Der andere fühlt sich bei körperlicher Betätigung wohler als bei Gruppendiskussionen. Manche Menschen tanzen gern in ihrem Zimmer oder singen unter der Dusche; sie kämen jedoch nie auf die Idee, an einem Tanzwettbewerb teilzunehmen oder Solist in einem Chor zu werden. Vielleicht nimmt man auch mit dem einem Sinnessystem besonders gern Informationen auf, drückt sich darüber aber weniger gern aus – wenn man z. B. gerne Ausstellungen besucht, sich aber nicht zutraut, selbst ein Bild zu malen.

Die spielerische Umsetzung von Lerninhalten in Sinneseindrücke stellt die beste Form des Lernens dar.

Solche Details zur natürlichen Veranlagung Ihres Kindes liefern wichtige Hinweise darauf, wie Ihr Kind am besten lernt. Wenn man die Anlagen seines Kindes fördern will, sollte man bei den Hausaufgaben zuallererst die Sinne ansprechen, an denen das Kind die meiste Freude hat. Das Spiel ist das wirksamste Lernmittel. Mit Musik, Bewegung oder Farben werden auch die langweiligsten Aufgaben ein wenig interessanter. Wenn Sie alle Sinne Ihres Kindes miteinbeziehen, helfen Sie ihm, das Gelernte zu behalten.

Sinneseindrücke schaffen

Wie kann man sein Kind beim Hausaufgabenmachen dazu anregen, akustisch, visuell und kinästhetisch zu lernen und sich auszudrücken? Probieren Sie die folgenden Vorschläge aus. Man vergisst gern die kinästhetischen Möglichkeiten, wenn man über die Hausaufgaben nachdenkt. Doch Lernen ohne kinästhetischen Ausdruck bleibt fragmentarisch. Im Folgenden finden Sie Möglichkeiten, diese Lernform miteinzubeziehen.

Kinästhetische Lernerfahrungen

Ein Thema mit früheren Erfahrungen verknüpfen – körperlich oder emotional:

- Schreibe alle Tätigkeiten auf, die du seit dem Aufstehen erledigt hast.
- Weißt du noch, wie auf dem Spielplatz die Raufbolde auf dich zukamen? Welche Möglichkeiten hattest du da? Wie werden sich die Indianer gefühlt haben, als die ersten Weißen kamen? Welche Möglichkeiten hatten sie?
- Wenn eine Katze fünf Kilogramm wiegt und ein Elefant 2000 Kilogramm, wie viele Katzen wiegen dann genauso viel wie ein Elefant?
- Bei welchen Karussells spielt die Fliehkraft eine Rolle?
- Wann hast du dich genauso ausgeschlossen gefühlt wie die Hauptfigur in dieser Geschichte?

Einen Begriff körperlich umsetzen. Eine Geschichte darstellen. Den Lernstoff „verkörpern“:

- Werde zum Regentropfen im Kreislauf des Wassers.
- Beweg dich wie Jupiter um die Sonne.
- Drücke die Gefühle der Hauptfiguren mit Grimassen aus.
- Bilde gleichseitige, gleichschenklige und ungleichseitige Dreiecke mit deinen Armen, dem Lineal und dem Fußboden.

Suche oder baue ein Modell:

- Stell die einzelnen Teile des Blutkreislaufs mit Gummibändern, einem Schwamm und Garn dar. Was könntest du dafür noch verwenden?
- Verwende Murmeln, um die Teiler von 9, 16 oder 25 zu finden.

- Übe das Buchstabieren mit Magnetbuchstaben.
- Bastle Leselernkarten. Sortiere sie alphabetisch oder nach der Anzahl der Buchstaben.

Berühre ein Muster. Sammle Beispiele:

- Suche verschiedene Gesteinsarten.
- Seziere eine Blume, um ihre Einzelteile zu untersuchen.
- Sammle Gegenstände, deren englische Bezeichnung du kennst.
- Suche alle Dinge im Haus, die Reibungselektrizität leiten.
- Suche in der Küche nährstoffreiche Nahrungsmittel heraus.

Schmecke und rieche:

- Welche Restaurants in deiner Stadt bieten die Küche der Länder, die du gerade in der Schule durchnimmst? Koche selbst typische Gerichte dieser Länder (Italien, Spanien, Griechenland, Türkei, China, Indien usw.).
- Rieche an den Gewürzen, nach denen die Seefahrer suchten.
- Mit welchen Stellen deiner Zunge kannst du süß, sauer, bitter und salzig schmecken?
- Übe das Buchstabieren mit Buchstaben-Nudeln.

Visuelle Lernerfahrungen

Bei den visuellen Wahrnehmungsformen denkt man meist nur an das Lesen von Büchern, an Fotokopien mit winzigen Buchstaben und undeutlichen Abbildungen. Die Kinder sollen lesen, Notizen machen und Antworten auf Fragen aufschreiben. Es gibt jedoch lustigere und einfachere Wege, die Lernfähigkeit auch visuell anzusprechen.

Suche neue Wege, Notizen zu machen oder Gedanken festzuhalten:

- Erstelle mit Haftzetteln ein Wanddiagramm der Staatenverteilung Europas im 19. Jahrhundert.
- Halte die einzelnen Ereignisse in Goethes Faust und die darin vorkommenden Charaktere auf Merkzetteln fest. Sortiere die Zettel nach dem Handlungsablauf.
- Stelle die Staaten Europas mit einfachen Symbolen dar. Sortiere sie nach Regionen oder gemäß den Allianzen im Zweiten Weltkrieg.

Erstelle Schaubilder:

- Lege eine Liste mit Eigenschaftswörter, die dir gefallen, an. Wähle daraus die Wörter für deinen Aufsatz.
- Erstelle ein Schaubild mit Wortfamilien und Worten, die keiner Wortfamilie angehören.
- Stelle die Beziehung zwischen Protonen, Elektronen und Neutronen als Schaubild dar.
- Zeichne eine Tabelle, die die Vielfachen der Zahlen von 1 bis 12 zeigt.
- Zeichne beim Vokabellernen erst die Form des Wortes mit einer Umrisslinie und setze dann dort die Buchstaben ein.

Mach dir in Gedanken ein Bild:

- Dreh in Gedanken einen Film über wichtige historische Ereignisse.
- Bereite dich auf einen Literaturtest vor, indem du in Gedanken die einzelnen Ereignisse der Geschichte so durchgehst, als würdest du alte Fotos anschauen oder selbst der „Held“ der Geschichte wärst.
- Löse eine Textaufgabe, indem du dir jeden einzelnen Schritt bildlich vorstellst.

Suche Fotos:

- Sammle Fotos der berühmten Menschen, über die ihr in der Schule sprecht.
- Suche Fotos von Dingen, die aus Erdölerzeugnissen bestehen.
- Erstelle zu wichtigen Sachkundethemen eine Collage aus Fotos und Bildern.

Betrachte die Dinge „in natura“:

- Beobachte die Eichhörnchen im Park.
- Untersuche tote Insekten und seziere sie, um die einzelnen Teile zu sehen.
- Geh zu einer Aufführung von Wilhelm Tell, nachdem du das Stück gelesen hast.
- Besuche eine historische Stätte in deiner Umgebung.
- Zähle alle Dreiecke, Rechtecke und Kreise, die du bei dir zu Hause siehst.

Filme ansehen:

- Sieh dir Goethes Faust erst als Film an, um die Handlung zu kennen. Lies das Drama anschließend.
- Schau dir Fernsehberichte über den Zweiten Weltkrieg an.
- Sieh dir die Verfilmung von „Die unendliche Geschichte“ an und vergleiche sie mit dem Buch.

Akustische Lernerfahrungen

Wenn das Kind nicht gerade eine Frage stellt, herrscht bei den Hausaufgaben meist Ruhe. Dabei kann man auch akustische Möglichkeiten nutzen, damit das Lernen Spaß macht und der Stoff im Gedächtnis bleibt. Besonders wichtig ist, dass das Kind sich laut vorsagt, was es lernt.

Sprechen:

- Denk dir ein Ratespiel aus, bei dem die europäischen Hauptstädte zu erraten sind.
- Spiel Napoleon und bitte jemanden, dich zu interviewen.
- Erfinde ein Gedicht über Kleopatra.
- Moderiere eine Radiosendung über den Lernstoff.
- Schildere einen wissenschaftlichen Vorgang.
- Erkläre, wie man Brüche multipliziert.

Singen und dichten:

- Verfasse ein Lied über chemische Verbindungen zur Melodie von Hänschen klein.
- Erfinde einen Rap über die Atmung.
- Denk dir eine Werbesendung für Kohlehydrate aus.

Zuhören:

- Hör dir englische Popsongs an und achte darauf, was du alles verstehst.
- Nimm dich beim Aufsagen von Vokabeln oder beim Vorlesen einer Lektion auf Kassette auf und spiel die Kassette während einer anderen Tätigkeit ab.

Setze Klangeffekte und Dialekte ein:

- Improvisiere passende Klangeffekte zu der Geschichte, die du gerade liest.
- Lies deine Inhaltsangabe zu einem Lektürestoff mit Schweizer Akzent.

Wenn man Informationen mit all seinen Sinnen aufnimmt und ausdrückt, bleiben sie im Gedächtnis. So kann man sich den Kreislauf des Wassers mit Hilfe eines Rapsongs einprägen, der sich tanzen, rezitieren und aufschreiben lässt. Bei einem

Ratespiel zu den europäischen Hauptstädten kann man eine große Landkarte auf dem Fußboden ausbreiten und die Hauptstädte mit Haftzetteln verdecken. Klangeffekte machen das Schaubild der Protonen, Elektronen und Neutronen lebendiger. Je mehr Informationen wir aufnehmen, desto mehr Wissen können wir auch abrufen.

Durch spielerisches Lernen lassen sich die Schwächen eines Kindes besonders gut fördern.

Keine Angst vor Schwächen

Einige dieser Vorschläge gefallen Ihrem Kind sicher besser als andere. Sie wissen vermutlich, wo seine „Schwachstellen" liegen; Sie wissen, in welchen Bereichen es Scheu hat, sich auszudrücken. Welchen Erfahrungen geht Ihr Kind immer wieder aus dem Weg? Oft sind dies genau die Bereiche, in denen es beim Lernen am meisten Unterstützung braucht. Als Eltern müssen wir unserem Kind helfen, sich weiterzuentwickeln, neue Erfahrungen zu gewinnen und die Angst vor seinen Schwächen abzubauen. Die folgenden Beispiele zeigen, wie man über spielerisches Lernen die Bereiche stärken kann, in denen sich das Kind am wenigsten zutraut.

Christine hatte großen Spaß daran, Geschichten darzustellen und den Zuschauern die Handlung zu erzählen. Dagegen fiel es ihr immer sehr schwer, eine Geschichte aufzuschreiben oder schriftliche Fragen dazu zu beantworten. Es half ihr, die Geschichte auf Kassette aufzunehmen und sie dann stückweise entsprechend ihrem eigenen Arbeitstempo niederzuschreiben.

Willi arbeitet gern mit den Händen. Er hatte ein wunderbares Modell des Sonnensystems gebastelt, doch konnte er sich die Namen der Planeten nicht merken. Ich gab ihm Kreide und ließ ihn die Umlaufbahnen auf den Fußboden zeichnen. Nun konnte er auf jeder Umlaufbahn Kreise ziehen und dabei einen Reim aufsagen, den wir in der Klasse gedichtet hatten.

Robin war ein hervorragender Schüler. Er liebte es, über komplizierte Begriffe nachzudenken, zu diskutieren und sie zu hinterfragen. Geschichten, die wir im Unterricht lasen, oder historische Ereignisse, die wir behandelten, übertrug er manchmal in kleine Theaterstücke und führte sie uns in der Schule vor.

Finden Sie heraus, welche dieser ganzheitlichen Lernweisen die Aufmerksamkeit und Lernbereitschaft Ihres Kindes verbessern. Die Anregungen, die Ihr Kind braucht, können von Fach zu Fach unterschiedlich sein.

Es geht hier nicht darum, dem Kind etwas abzunehmen oder ihm die Hausaufgaben einfach zu erleichtern. Das ist zweitrangig. In erster Linie helfen Sie ihm dabei, eine Vielzahl effektiver Arbeitsweisen zu entwickeln. Das Kind wird bald selbst wissen, wie es am besten lernt. Dann kann es sich in der Schule und zu Hause die richtigen Bedingungen schaffen. Genau hier liegt unser Ziel: Wir wünschen uns Kinder, die ihre Bedürfnisse kennen und sich für sie einsetzen.

Das Kind soll lernen, Aufgaben ganzheitlich anzugehen: mit Körper, Seele und Geist.

Wenn Rosie merkt, dass sie ihre Überlegungen unbedingt laut äußern muss, bittet sie den Lehrer, zwei Minuten mit ihrer Nebensitzerin sprechen zu dürfen. Wenn Jan weiß, dass er besser zuhören kann, wenn er sich bewegt, kann er darum bitten, sich bei einem langen Lehrervortrag an die Wand stellen zu dürfen. So kann er besser aufpassen als im Sitzen.

Vielleicht sagen Sie jetzt: „O nein, das ist zu viel! Ich kann mich nicht jeden Tag so intensiv um mein Kind kümmern. Zu viele Fächer, zu wenig Zeit!“ Sie haben Recht! Natürlich können Sie all diese Überlegungen und Vorschläge nicht jeden Tag bei den Hausaufgaben umsetzen. So ist es auch nicht gemeint. Es geht vielmehr darum, sich diese Punkte nach und nach mit dem Kind zu erarbeiten. Es geht letztlich nicht einfach darum, dass die Hausaufgaben effektiver gemacht werden. Es geht darum, dem Kind beizubringen, die Aufgaben engagiert und interessiert anzugehen, weil es sein ganzes Wesen – Körper, Seele und Geist – einbringen kann.

Zum Nachdenken:

- *Wie können Sie Ihrem Kind helfen, mit all seinen Sinnen zu lernen?*
- *Wie beeinflussten die Fragen „Worum geht's?", „Was lernst du dabei?" und „Wie gehst du es am besten an?" den täglichen Ablauf der Hausaufgaben?*

6. Kapitel

Konzentration und Ablenkung

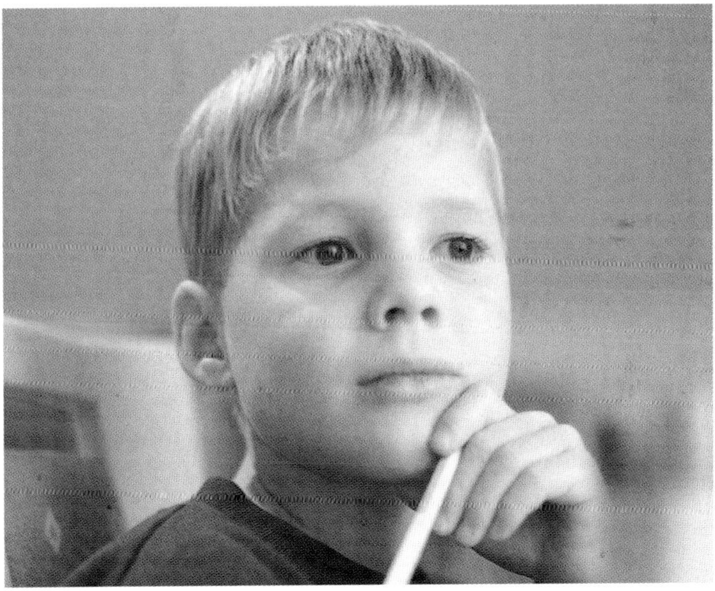

Wer kennt das nicht:
Da sitzt das Kind und starrt Löcher in die Luft. Dabei sollte es sich doch konzentrieren! Oder?

Die drei Bewusstseinszustände der Konzentration

Der Lernprozess durchläuft verschiedene Phasen. Auch das gedankliche Abschweifen gehört dazu.

Probleme mit der Konzentrationen scheinen viele Kinder zu haben. Oft wirken sie abgelenkt, sprunghaft oder nicht so ganz bei der Sache. Lehrer und Eltern glauben dann meist, das Kind bekomme gar nichts mit. Doch das stimmt nicht immer.

Der Lernprozess vollzieht sich zum großen Teil im Verstand. Beim Lernen muss der Geist hellwach sein. Herrscht dort Verwirrung und Ablenkung vor, sprechen wir von Unaufmerksamkeit oder gar einer „Aufmerksamkeitsstörung“; doch genau genommen gehören diese Phasen des Abgelenktseins zum Lernen dazu. In dieser Zeit wendet sich die Aufmerksamkeit lediglich nach innen in einen anderen Bewusstseinszustand und verarbeitet die aufgenommenen Informationen.

Der Lernprozess ist viel komplexer als gemeinhin angenommen. Er besteht aus verschiedenen Phasen. Mit der Informationsaufnahme verhält es sich ähnlich wie mit der Nahrung: Damit neue Informationen vollständig verdaut werden können, müssen sie gekaut und geschluckt, vermischt und aussortiert, gespeichert und assimiliert werden. Genau dieser Prozess vollzieht sich im Verstand, wenn das Kind verwirrt, durcheinander oder unaufmerksam wirkt.

Betrachten wir diese Phasen also nicht als unproduktiv und „schädlich“. Geben wir stattdessen diesen verschiedenen Geisteszuständen neue Namen. Wir müssen diese Vorgänge in ihrer positiven Wirkung würdigen. Bei Konzentration, Verwirrung und Geistesabwesenheit handelt es sich letztlich um drei unterschiedliche Formen der Aufmerksamkeit: *konzentrierte, untersuchende* und *schöpferische Aufmerksamkeit.* Sie vollziehen sich in verschiedenen Bewusstseinszuständen: dem Bewusstsein, dem Unterbewusstsein und dem Unbewussten. Alle drei Formen sind notwendig, wenn wir wirklich lernen, uns also neues Wissen aneignen wollen.

Bevor wir fortfahren, denken Sie doch einen Moment über Ihr Kind nach – jedoch nicht im Zusammenhang mit den Hausaufgaben. Denken Sie an die Augenblicke, wo Sie sich gemeinsam freuten und staunten. Wählen Sie in jeder Kategorie eine Antwort:

Konzentrierte Aufmerksamkeit (Konzentration):

Wann ist Ihr Kind wachsam und voll leistungsfähig?
Wann kann es sich ausdauernd mit einer Sache beschäftigen?

- Beim Spazierengehen, Sport, Essen, Basteln
- Beim Reden, Singen, Radiohören, Musizieren
- Beim Schreiben, Zeichnen, Saubermachen, Fernsehen, Lesen

Untersuchende Aufmerksamkeit (Verwirrung, Durcheinander):

Wann scheint das Denken Ihres Kindes nach innen gerichtet zu sein?
Wann wirkt es verwirrt?

- Im Gespräch mit anderen? Sagt und meint es häufig etwas, um es sich dann wieder anders zu überlegen? Fällt es ihm schwer, beide Seiten einer Medaille zu sehen?
- Wenn es etwas kaufen oder tun will und sich nicht entscheiden kann? Pendelt es zwischen der Wirklichkeit und seinen Wunschvorstellungen von der Welt hin und her?
- Wenn es gerade etwas macht und plötzlich das Gefühl hat, dass alles verkehrt ist? Fühlt es sich oft zwischen widersprüchlichen Gefühlen oder Gedanken hin- und hergerissen?

Schöpferische Aufmerksamkeit (Geistesabwesenheit)

Wann neigt Ihr Kind zu Tagträumen?
Wann verliert es sich in Gedanken?

- Beim Lesen, beim Zeichnen und Malen, beim Beobachten des Sonnenuntergangs, beim Fernsehen
- Beim Spielen im Freien
- Wenn es etwas mit seinen Händen tut, wenn es angefasst wird, wenn es eine Katze streichelt
- Beim Musikhören, beim Beantworten einer Frage
- Wenn es einem Gespräch oder einem Vortrag zuhört?

Wenn das Kind seinen Gedanken nachhängt, trödelt es nicht „sinnlos" herum. Es stellt vielmehr Zusammenhänge zwischen Bekanntem und Unbekanntem her.

Vielleicht erinnern Sie sich nun an Augenblicke mit Ihrem Kind, die Sie tief beeindruckten. Augenblicke, in denen Ihr Kind völlig auf eine ihm wichtige Sache konzentriert war. Das Kind war in sich gekehrt und ging in seiner Tätigkeit auf. Sie hatten das Gefühl, dass es diese Sache von Grund auf erforschte und sich aneignete.

Dieser Prozess der schrittweisen Aneignung vollzieht sich auch bei den Hausaufgaben. Auch hier kann die Verwirrung und Geistesabwesenheit Teil des Lernprozesses sein. Doch wir verstehen dieses Verhalten nicht, weil es sozusagen in einer fremden Sprache geschrieben wurde.

Man lernt Haifische und Wölfe lieben, wenn man sich diesen Furcht erregenden Wesen so weit nähert, dass man ihre Gewohnheiten erkennt; wenn man bereit ist, ihr Handeln aus ihrer Perspektive zu sehen. Betrachten Sie Verwirrung und Geistesabwesenheit als die Wölfe und Haifische der Hausaufgaben.

Es ist nicht schwer zu erkennen, wann Kinder verwirrt oder zerstreut sind oder abschweifen. Viel schwieriger ist es, die bisherigen Deutungen dieser Verhaltensweisen aufzugeben. Wenn ich unterrichte oder Brian bei den Hausaufgaben helfe und diesen wohl bekannten, abwesenden Blick sehe, fällt es mir immer noch schwer, dies einfach zu akzeptieren. Auch ich betrachtete es als Zeitverschwendung. Bevor ich mich intensiv mit dem Lernprozess auseinander gesetzt hatte, ging ich davon aus, dass Kinder nicht lernen könnten, wenn sie nicht aufmerksam und enthusiastisch wirkten.

> *Aufpassen, sich konzentrieren, bei der Sache sein – solche Begriffe verwenden wir, wenn wir über das Lernen nachdenken. Doch das ist zu kurz gedacht. Auch das Abschweifen der Gedanken, bei dem Neues in alte Erfahrungen und bestehendes Wissen integriert wird, gehört zum Lernprozess.*

Die Lernspirale

Heute weiß ich, dass das Lernen ein dynamischer Vorgang ist. Der Geist steht nie still; er muss sich bewegen. Bei unserem Lernansatz hilft uns das Bild einer Spirale, diese Bewegung zu verstehen. Wenn wir das, was wir wissen und lernen, bedenken und verarbeiten, pendelt unser Verstand ständig zwischen Konzentration, untersuchender und schöpferischer Aufmerksamkeit hin und her, wie eine Spirale, die sich ausdehnt und wieder zusammenzieht.

Betrachten wir diesen Prozess an einem Beispiel. Denken Sie an das Bild der Spirale.

Herr Maier bespricht im Sachkundeunterricht das Ökosystem von Teichen. Zuerst stellt er eine Frage zu dem Thema. An diesem Punkt der Spirale ist Jeremy voll und ganz konzentriert. Er hebt die Hand, weil er Herrn Maier alles sagen möchte, was er über Teiche weiß: die Größe, die einen Teich von einem See

Abschweifungen sind eine Art „geistige Exkurse". Lassen Sie sie zu.

unterscheidet, die vielfältigen Lebewesen, die in Teichen anzutreffen sind und vieles mehr. Jeremy zeigt in diesem Moment konzentrierte Aufmerksamkeit.

Lange kann Jeremy diese gezielte Aufmerksamkeit jedoch nicht aufrechterhalten. Sein Geist wandert, die Spirale dehnt sich aus und seine Gedanken verändern sich. Er denkt an den Teich, in dem er letzten Sommer immer badete. Er erinnert sich an die Wassertemperatur und fragt sich, wie kalt das Wasser in dem Topf am Fenster wohl ist. Er sitzt jetzt, in diesem Moment, nicht nur in Herrn Maiers Unterricht; sein Geist erforscht zugleich Vergangenheit und Zukunft und vergleicht frühere Erfahrungen mit dem, was jetzt gerade gelehrt wird. Herr Maier ruft Jeremy auf, der abwesend wirkt und nicht bei der Sache ist. Er ermahnt ihn aufzupassen.

Wieder schweift Jeremys Geist ab, zum weitesten Punkt der Spirale. Seine Aufmerksamkeit ist nun erweitert, die Gedanken wenden sich nach innen; er hört Herrn Maiers Stimme nicht mehr. Stattdessen steht er daheim in der Küche und sieht zu, wie seine Mutter Fisch zubereitet. Sein Geist hat eine Beziehung geknüpft. Er fragt sich, ob das Fischgeschäft an der Ecke wohl auch Fisch aus seinem Badeteich verkauft. Für Herrn Maier sieht es jedoch so aus, als passe Jeremy nicht mehr auf, als würde er wieder träumen. Er bittet die Kinder nun, sich je einen Partner zu suchen und am Schulteich einige Versuche durchzuführen.

Jeremys Spirale zieht sich wieder zusammen, wenn er sich seiner Umgebung bewusst wird. Er überlegt, wen er zum Partner wählen will. Er denkt an den lustigen Jonathan, doch er weiß, dass er mit Jonathan leicht Probleme bekommt. Nathan ist zu ungeschickt, denkt Jeremy. Sein Geist befindet sich erneut im Zustand untersuchender Aufmerksamkeit; er entscheidet sich für Erika. Als er dann die Ziele des Versuchs mit ihr bespricht, ist sein Geist wieder am Anfang der Spirale, in konzentrierter Aufmerksamkeit.

Dieser ganze Prozess kann nur wenige Minuten in Anspruch nehmen. Was Jeremy hier geschah, erleben wir alle jeden Tag immer wieder. Im Wachzustand ist unser Geist ständig dabei, sich auszudehnen und wieder zu fokussieren; die Welt aufzunehmen, neue Erfahrungen mit alten zu verknüpfen und neue Möglichkeiten zu entdecken. Wir deuten Abschweifung und Geistesabwesenheit als Unaufmerksamkeit, obwohl es doch einfach um andere Formen der Aufmerksamkeit handelt.

Bei den Hausaufgaben dürfen wir die geistigen Exkurse unseres Kindes nicht behindern. Wenn wir diesen Prozess verstehen, können wir ganz wörtlich „mit dem Strom" dieser Bewegungen schwimmen und die dabei entstehenden Lernerfahrungen vertiefen. Wir können unserem Kind dabei helfen, sich seiner geistigen Exkurse bewusst zu werden und sie steuern zu lernen.

Sinnesreize steuern die Aufmerksamkeit

Doch was löst diese Geistesbewegungen aus? Im letzten Kapitel haben wir gesehen, wie man den Geist mit Hilfe aller Sinne auf den Lernvorgang konzentriert. Wir wissen, dass wir mehr Spaß am Lernen und Anwenden des Gelernten haben und uns den Stoff besser einprägen können, wenn wir alle Sinne daran beteiligen. Dabei reicht die Bedeutung dieser umfassenden Konzentration noch weiter.

Die Lernspirale wird durch interessante Sinneserfahrungen in Gang gesetzt.

Jeder dieser verschiedenen Sinnesreize – was wir sehen, hören, fühlen und ertasten – löst unterschiedliche Formen der Aufmerksamkeit aus.

Wir konzentrieren uns mit Hilfe eines bestimmten Sinnesorgans. Ein zweiter Wahrnehmungskanal hilft uns beim Untersuchen, während ein dritter unser schöpferisches Denken in Gang setzt. Um zu lernen, brauchen wir alle Sinnesreize, denn dadurch kommt die Aufmerksamkeitsspirale in Gang und wir können das Gelernte voll und ganz verarbeiten.

Betrachten wir dies an einem Beispiel. Wenn mein Sohn Brian Musik hört, wird er wach, aufmerksam und lebendig (akustische Stimulation hilft ihm, sich zu konzentrieren); wenn er jedoch mit den Händen arbeitet oder sich körperlich betätigt, schweift er in seinen Gedanken ab und wird neugierig (kinästhetische Reize helfen ihm, Neues zu erforschen), während er beim Lesen ganz in seiner eigenen Welt versinkt (visuelle Stimulation erweitert seine Aufmerksamkeit).

Die Verbindung zwischen diesen Wahrnehmungskanälen und den einzelnen Formen der Aufmerksamkeit ist von Mensch zu Mensch verschieden. Mir helfen optische Reize, mich zu konzentrieren. Beim Lesen oder Fernsehen bin ich darum besonders wach und aufnahmebereit. Akustische Reize regen mich zur Erkundung von Neuem an; daher sind Gespräche mit mir manchmal etwas verwirrend, da ich auf die Worte des anderen höre und diese gleichzeitig mit meinen eigenen Gedanken verbinde. Kinästhetische Reize erweitern mein Denken, sodass ich bei körperlichen Tätigkeiten zu Tagträumen neige.

Der Zusammenhang zwischen diesen einzelnen Sinnesreizen und den verschiedenen Formen der Aufmerksamkeit lässt uns erkennen, wie wir uns beim Lernen von anderen unterscheiden. Manchen geht es wie dem kleinen Pascal: Sie müssen etwas betrachten, um sich konzentrieren zu können. Derselbe visuelle Reiz – ein Diagramm oder

Bild –, der Pascal bei der Konzentration hilft, versetzt Christine in den Zustand schöpferischer Aufmerksamkeit; sie verliert sich in Tagträumen, wenn sie etwas anschaut. Jeremy wiederum muss etwas hören, um sich aufs Lernen konzentrieren zu können; Sandra dagegen verliert völlig den Überblick, wenn sie zu viele Wörter hört. Willi braucht zur Konzentration seine Hände oder seinen Körper. Diese körperliche Betätigung führt bei Robin wiederum zu schöpferischer Aufmerksamkeit.

Dank dieser Erkenntnis konnte ich verstehen, was mit den Kindern in meiner Klasse los war und warum jedes Kind anders auf die ihm gebotene Stimulation reagierte. Ein bestimmter Reiz, wie etwa eine Frage im Rahmen einer Diskussion, löste bei Jeremy und Robin wache, aufmerksame Konzentration aus. Die gleiche Frage veranlasste Pascal und Christine dazu, das Gehörte mit anderen Informationen zu vergleichen, also Neues zu erforschen. Bei Willi und Sandra führte die Frage zu ausgedehnten Tagträumen, da ihr schöpferisches Denken Assoziationen auslöste.

Im Unterricht sollten verschiedene Anregungen und Reize geboten werden, damit jedes Kind angesprochen wird.

Heute weiß ich, dass die verschiedenen Anregungen und Reize, die ich meinen Schülern bot, ihre Aufmerksamkeit positiv beeinflussten. Hätte ich nur eine einzige Lehrmethode, also nur eine Form der Stimulation, eingesetzt, wären manche Kinder immer aufmerksam gewesen, während die anderen ständig abgeschweift wären oder geträumt hätten. Da ich aber verschiedene Techniken verwendete, hatten wir nicht nur alle mehr Spaß, sondern es gelang mir auch, bei jedem Kind alle drei Formen der Aufmerksamkeit zu aktivieren. So konnte jedes Kind mit all seinen Sinnen lernen.

Wenn Sie Ihr Kind bei den Hausaufgaben unterstützen wollen, sollten Sie unbedingt diese verschiedenen Formen der Aufmerksamkeit berücksichtigen. Betrachten wir diese Stadien der Aufmerksamkeit noch ein wenig näher.

Konzentrierte Aufmerksamkeit: Neues aufnehmen

Jeder Mensch hat seine eigene Aufmerksamkeitsspanne, die abhängig ist von der gewählten Betätigung.

Unter Konzentration versteht man die Fähigkeit, sich über einen bestimmten Zeitraum hinweg mit einer einzigen Sache zu beschäftigen. Es entsteht eine Art hungriger, aufgeregter Energie, ein Gefühl von Spaß, Genuss und schneller Befriedigung. Wir können uns mit unserer Aufgabe beschäftigen, ohne abzuschweifen. Wenn ich konzentriert bin, verhält sich mein Geist wie ein Laserstrahl, der alle störenden Gedanken, Bilder und Vorgänge ausschaltet. Diesen Zeitraum, wie lang er auch immer dauert, nenne ich Aufmerksamkeitsspanne.

Wir glauben gemeinhin, dass manche Menschen besser fähig sind, sich zu konzentrieren als andere. Meiner Meinung nach sind wir jedoch alle dazu in der Lage; nur die Tätigkeiten, auf die wir uns gut konzentrieren können, sind verschieden. Als Brian noch klein war, staunte ich, wie lange er Lieder anhören und selbst singen konnte. In einem Museum aber war er völlig unfähig, sich zu konzentrieren. Seine Augen konnten bei einem Bild nur wenige Sekunden verharren. Beim Zuhören hat Brian also eine lange Aufmerksamkeitsspanne, beim Betrachten eine sehr kurze.

Einmal wurde ich gebeten, einen Fünftklässler zu beobachten, bei dem eine Aufmerksamkeitsschwäche diagnostiziert worden war. Der Junge konnte sich nicht konzentrieren, wenn man ihn während seiner Beschäftigung etwas fragte oder mit ihm sprach; akustische Reize lenkten ihn ab. Im Sportunterricht jedoch konnte er sich über lange Zeit hinweg auf kinästhetische Aufgaben konzentrieren; seine Aufmerksamkeitsspanne war hier viel länger als die seiner Klassenkameraden.

Ich selbst werde in Sporthallen oder Fitness-Studios

eher abgelenkt von all den Aktivitäten, denn kinästhetische Reize aktivieren bei mir untersuchende Aufmerksamkeit. Unbewusst lese ich dann alle Schilder und Hinweise, die ich finde, um mich wieder konzentrieren zu können.

Mit Hilfe der folgenden Fragen können Sie herausfinden, welche Sinnesreize die Konzentration Ihres Kindes fördern:

Wie können Sie Ihr Kind am besten auf sich aufmerksam machen?

- Sie sprechen so laut, dass das Kind Sie hört.
- Sie stellen sich vor das Kind, damit es Sie sieht.
- Sie berühren das Kind, damit es Sie bemerkt.

Wie lernt und denkt Ihr Kind am schnellsten?

- Wenn man mit ihm spricht oder ihm Fragen stellt.
- Wenn es liest, schreibt, zeichnet oder etwas beobachtet.
- Wenn es seine Hände oder seinen ganzen Körper einsetzt.

Wie begrüßt Ihr Kind unbekannte Menschen? Auf welche Weise geht es auf andere Menschen zu?

- Durch Händeschütteln und gemeinsame Unternehmungen
- Indem es Hallo sagt und ein Gespräch führt.
- Durch Blickkontakt und intensives Betrachten der Umgebung des Fremden

An welche Einzelheiten erinnert sich Ihr Kind am besten? Was prägt es sich schnell ein?

- Wie die Dinge aussehen
- Wie die Dinge gesagt werden
- Wie die Dinge getan werden oder sich anfühlen

Der Verstand versucht, neue Information in bekannte Erfahrungen und Strukturen einzubauen.

Was geschieht in unserem Kopf, wenn wir uns konzentrieren? Wir empfangen Daten und erkennen einen Sinn darin. Wir bemerken Einzelheiten, organisieren sie und ordnen sie in einen vertrauten Zusammenhang ein. „Das ist eine Geschichte über ein Mädchen in meinem Alter." „Bei diesem Experiment geht es um Magneten." „Dieses Lied klingt wie Beethoven." Ein Teil unseres Verstandes hält auch bei neuen Informationen immer das Bekannte im Auge und versucht, das Neue einzugliedern. Dadurch bekommen wir ein Gefühl von Sicherheit. Dieser Teil unseres Verstandes bringt Ordnung ins Chaos, schafft Struktur und Organisation.

Wenn wir uns konzentrieren, können wir Einzelheiten schneller aufnehmen und uns besser an sie erinnern. Diesen Teil unseres Verstandes können wir für eine Prüfung mit Wissen füllen. Er denkt schnell. Er kann etwas aufnehmen und es genauso wieder ausspucken – wie ein Kopiergerät, Roboter oder Kassettenrekorder. Es ist jener Teil unseres Verstandes, der nach der richtigen Antwort sucht, der einfachen Lösung. Hier verdauen wir Daten schnell.

Wenn wir uns konzentrieren, richtet sich unsere Aufmerksamkeit auf die äußere Welt. Wir verarbeiten viele Informationen, doch bleiben diese an der Oberfläche unseres Bewusstseins. So ist es bei den Hausaufgaben: Das Kind konzentriert sich auf den vorgegebenen Lernstoff und ordnet ihn neu. Dazu braucht es nur wenig Zeit und Anstrengung.

Für jeden Lerntyp gibt es Aufgaben, die die Konzentration besonders fördern. Kinder wie Pascal betrachtet man meist als gute Schüler, weil es ihnen leicht fällt, sich auf die für die Schule typischen visuellen und akustischen Tätigkeiten, wie Lesen und Schreiben, zu konzentrieren. Bei Kindern wie Sandra fördern Tätigkeiten, bei denen das Optische oder das eigene Tun besonders wichtig sind, die Konzentration, z. B. Zeichnen oder Basteln.

Robin kann sich am besten konzentrieren, wenn er akustisch tätig werden muss, z. B. wenn er abgehört wird. Auf diesem Weg erinnert er sich problemlos an das Gelernte. Auch Jeremy kann sich gut konzentrieren, wenn er Fakten akustisch aufnimmt oder sich über Sprache ausdrückt. Ihm hilft es, wenn er beim Lernen ein Tonband hören kann.

Christine konzentriert sich am besten, wenn sie dabei körperlich aktiv ist, z. B. beim Basteln oder bei Rollenspielen. Auch Willi kann sich innerlich gut sammeln, wenn er sich bewegen darf.

Was wirkt konzentrationsfördernd?

Nicht alle Tätigkeiten wirken in gleicher Weise konzentrationsfördernd. Wenn Sie wissen, auf welche Weise sich Ihr Kind am besten konzentrieren kann, können Sie ihm bei den Hausaufgaben mit entsprechenden Vorschlägen helfen. Wann konzentriert sich Ihr Kind automatisch? Im Sportunterricht? Wie können Sie Bewegung in die Hausaufgaben integrieren?

Jedes Kind braucht ganz bestimmte Umstände, damit es sich gut konzentrieren kann.

Dazu gibt es eine wunderbare Geschichte:

Karin kam ins Haus, um ihre Hausaufgaben zu machen. Sie vergaß, ihre Rollschuhe auszuziehen. Karin war eindeutig ein kinästhetischer Lerntyp. Beim Rechtschreiben hatte sie große Probleme. Die Mutter nahm die Liste mit den Lernwörtern. Karin buchstabierte die Wörter, während sie in der Küche Runden drehte. Beim Test am nächsten Morgen schrieb Karin eine Eins.

Gehen Sie auf den Lerntyp Ihres Kindes ein. Ein kinästhetischer Lerntyp wie Christine kann längere Texte z. B. in einem Schaukelstuhl lesen; das gleichmäßige Schaukeln unterstützt ihre Konzentration. Konzentriert sich das Kind vor allem auf optische Reize, können Sie z. B. beim Basteln die einzelnen Teile, die es zusammensetzen muss, farbig kennzeichnen. Ein Kind, das sich auf Akustik konzentriert, wie Robin, kann beim Lernen laut mit sich selbst oder einem Partner sprechen.

Finden Sie heraus, ob die „normale" Form der Hausaufgaben die natürliche Konzentration Ihres Kindes unterstützt. Wenn nicht, überlegen Sie, welche zusätzlichen Anregungen – Bewegungen, Bilder, Töne – die Aufmerksamkeit Ihres Kindes fesseln.

Beim Lernen ist die Fähigkeit zur Konzentration auf den Lernstoff zwar eine wichtige Voraussetzung, doch sind daran noch viel mehr Faktoren beteiligt. Wenn wir uns beim Aneignen von neuem Wissen nur auf diesen Teil unseres Verstandes beschränken, enthalten wir uns und der Welt die wirklich kreativen Gedanken vor, die aus schöpferischem Denken entstehen. Erst, wenn wir auch die anderen Bereiche unseres Verstandes nutzen, lernen wir wirklich. Betrachten wir also die beiden anderen Formen der Aufmerksamkeit. Was geschieht, wenn wir diese Geistesbewegungen zulassen?

Untersuchende Aufmerksamkeit: Neues einordnen

Wenn das Kind etwas nicht versteht, braucht es oft nur einen neuen Blickwinkel.

Sie kennen das: das zerknirschte Gesicht, die leicht angezogenen Schultern und das traurige Stimmchen: „Ich versteh's nicht." Für mich war dies immer ein Zeichen des Versagens – meines Versagens als Lehrerin und Mutter. „Soll ich noch mal von vorn anfangen?" „Was kann ich tun, damit du's verstehst?"

Doch wahrscheinlich braucht Ihr Kind nur zusätzliche Anregungen. Die neuen Informationen müssen in sein bisheriges Wissen eingeordnet werden. Dabei sind zusätzliche Sinnesreize hilfreich.

Anhand der folgenden Fragen können Sie herausfinden, welche Sinnesreize Ihrem Kind zusätzliche Denkanstöße geben und untersuchende Aufmerksamkeit auslösen:

Auf welche Weise probiert Ihr Kind gern neue Dinge aus?

- Es sagt immer wieder dasselbe, in vielen verschiedenen Formulierungen.
- Es experimentiert mit der Erscheinungsweise der Dinge – es ordnet Möbel neu an, experimentiert mit Frisuren, Kleidern, Handschrift.
- Es erfindet neue Regeln für alte Spiele.

Was hilft Ihrem Kind dabei, Entscheidungen zu treffen?

- Über alles zu sprechen
- Die verfügbaren Möglichkeiten zu prüfen
- Die Alternativen auszuprobieren, um zu sehen, ob sie Spaß machen

Welche der folgenden Fähigkeiten setzt Ihr Kind nur zeitweise ein?

- Verbale Äußerungen
- Körperliche Betätigung
- Schreiben oder Zeichnen

Was geschieht, wenn wir in Gedanken abschweifen?

Neue Informationen sind so tief in unseren geistigen Stoffwechsel eingedrungen, dass sie sich mit dem verbinden, was wir schon wissen. Unsere Aufmerksamkeit pendelt zwischen der inneren Welt und der äußeren Welt, zwischen unseren Erinnerungen und unseren aktuellen Erfahrungen. Wird unser Gefühl, den Sachverhalt zu kennen, auch nur ein wenig erschüttert, empfinden wir Verwirrung. Wir ordnen die neuen Informationen und versuchen sie in unser Denksystem zu integrieren. Wir erforschen neue Wege des Denkens und neue Möglichkeiten. Wir werden von neuen Informationen aus der Bequemlichkeit unserer alten Lerngewohnheiten gerissen, sind jedoch noch nicht fähig, neue Einsichten zu erlangen. Wenn wir uns zu diesem Zeitpunkt äußern sollen, tritt unsere Verwirrung zutage. Wir zögern, können uns nicht entscheiden, drucksen unschlüssig herum und überlegen es uns wieder anders.

In dieser Phase braucht unser Verstand Zeit zum Erforschen und Abwägen. Neugierde muss sich entwickeln können. Wir müssen neue Wege des Denkens und Handelns ausprobieren. Wir müssen uns eingehender mit unseren Problemen befassen, die alten Wege mit den neuen vergleichen, nachdenken, überlegen.

Der Verstand braucht Zeit, um neue Denkweisen und Lösungswege durchzuspielen.

Wie oft gestatten wir uns, etwas auf diesem Weg zu erforschen? Wie oft erlauben wir es unseren Kindern? In dieser hektischen Welt erwartet man von uns, dass wir im Bruchteil von Sekunden Entscheidungen treffen. Doch das läuft der Struktur unseres Verstandes zuwider. Wir sind dann am leistungsfähigsten, wenn wir innehalten und über unsere Handlungen nachdenken; wenn wir uns für unsere Entscheidungen Zeit nehmen.

Betrachten wir folgendes Beispiel:

Pascal war ziemlich überfordert von dem Aufsatz, den er schreiben sollte. Er sollte Stellung dazu beziehen, ob Christoph Columbus immer noch als der Entdecker der Neuen Welt zu betrachten sei oder nicht vielmehr als Zerstörer der indianischen Kultur. Stundenlang saß Pascal vor dem Computer und versuchte, vernünftige Sätze einzugeben. Aber das Ganze war reichlich verworren. Schließlich schlug ihm sein Vater vor, erst mal mit ihm über das Thema zu sprechen. Ihm war klar geworden, dass sein Sohn Argumente für beide Standpunkte hatte und sich für keinen Standpunkt entscheiden konnte. Pascal war hin- und hergerissen zwischen dem, was er bisher über Columbus gedacht hatte, und dem neuen Blickwinkel, der für die Rechte fremder Kulturen eintrat. Er brauchte einfach Zeit, um sich eine eigene Meinung bilden zu können. Die Rückmeldungen seines Vaters waren dabei eine große Hilfe. Er musste seine Verwirrung erst in Worte fassen und beide Standpunkte diskutieren. Als er seine Gedanken formuliert und ausgesprochen hatte, fiel ihm das Schreiben leicht.

Pascals Vater hätte seinen Sohn zur schnellen Fertigstellung des Aufsatzes auch einfach mit den Gedanken füttern können, die einen der beiden Standpunkte befürworteten. Eltern gehen häufig so vor. Wenn unser Kind nicht mehr weiterweiß, liefern wir ihm die richtige Antwort. Wir unterbrechen jedoch den Lernprozess, wenn wir die momentane Unklarheit auf diesem Weg beseitigen. Leiten Sie Ihr Kind in dieser Phase der Verwirrung lieber dazu an, eine kleine Pause einzulegen, um sich der Unterschiede zwischen dem Alten und dem Neuen bewusst zu werden. Lassen Sie das Kind genau herausarbeiten, was es schon weiß. Regen Sie es dazu an, dieses Wissen mit den neuen Informationen zu verbinden:

„Ich verstehe alle Wörter in dem Gedicht. Jetzt will unser Lehrer aber wissen, was die Symbole des Dichters bedeuten."

Statt Ihrem Kind die richtige Antwort zu liefern, sollten Sie es anregen, weitere Fragen zu stellen, neue Lösungsansätze auszuprobieren und Verbindungen herzustellen:

„Was ist überhaupt ein Symbol? Wie verwendet man Symbole beim Sprechen und Schreiben? Welches Wort in diesem Gedicht ist ein Symbol?“

Bestimmte Aufgaben werden je nach Lernstil Verwirrung hervorrufen. Die möglichen Antworten eines Multiple-Choice-Tests können alle gleich erscheinen, sodass das Kind Zeit braucht, um sie im Einzelnen zu prüfen. Bei anderen Kindern führt eine einfache Diskussion zur Verwirrung; sie müssen erst die verschiedenen Argumente besprechen, bevor sie sich einem anschließen können. Andere Kinder wiederum kommen bei Versuchen im Sachkundeunterricht ins Grübeln; sie wollen vielleicht ausprobieren, wie das Experiment auch auf andere Weise durchgeführt werden könnte.

Da wir diesen Aspekt des Lernens als „Verwirrung“ und Unproduktivität betrachten, erhält die untersuchende Aufmerksamkeit in den meisten Schulen nur wenig Raum. Doch wenn Sie bereit sind, die der Verwirrung zugrunde liegende Neugier zuzulassen, wird Ihr Kind viel effektiver lernen und mit dem Ergebnis seiner Bemühungen zufriedener sein.

Schöpferische Aufmerksamkeit: neue Ideen entwickeln

Wenn ein Kind geistesabwesend wirkt, meinen wir, es würde nichts mehr lernen. Doch das stimmt oft nicht. Wenn ein Kind unerreichbar scheint, verträumt, zerstreut, abwesend, dann findet vielleicht gerade ein wichtiger Teil des Lernens statt. Bei nach innen gewandter Aufmerksamkeit stellt der Verstand unter der Oberfläche des Bewusstseins eine Synthese her aus den neuen Informationen und früheren Lebenserfahrungen. Daraus erwachsen einzigartige neue Wege des Denkens.

Erforschen Sie die schöpferische Aufmerksamkeit Ihres Kindes mit Hilfe folgender Fragen:

Womit lässt sich Ihr Kind bei seiner Arbeit am leichtesten ablenken?

Wann „driftet" es ab? Wann gerät es schnell aus der Fassung?

- Geräusche, Stimmen, Lärm, Musik
- Bilder, Gesichter, Blickkontakt, Aussicht
- Gefühle, Sinneseindrücke, Berührung, Bewegungen

Gerade wenn ein Kind völlig weggetreten wirkt, arbeitet sein Verstand oft besonders kreativ.

Welchen Tätigkeiten kommt Ihr Kind am liebsten nur allein nach, weil es ihm peinlich ist, wenn andere zusehen?

- Tanzen, Radfahren, Schwimmen, Schaukeln
- Singen, Summen, Wortspiele, Imitation, Geschichtenerzählen
- Kritzeln, Malen, Schreiben, Zeichnen

Woran kann sich Ihr Kind nur schwer erinnern?

- An Gesichter und das Aussehen von Gegenständen
- An die Aussprache von Wörtern; an Gehörtes
- An seine Empfindungen und seine Aktivitäten

Welcher der drei Wahrnehmungskanäle löst bei Ihrem Kind schöpferische Aufmerksamkeit aus?

Die Assoziationen der schöpferischen Aufmerksamkeit führen immer wieder zu freudigen Überraschungen. Tina erzählte, sie habe erst auf die Rechenaufgabe geschaut und dann auf die Veranda ihrer Großmutter. Wie sich herausstellte, entsprach das Ergebnis der Aufgabe der Hausnummer der Oma. Auf der unbewussten Ebene der Synthese hatte Tinas Geist eine Verbindung geknüpft.

Wir alle haben es schon erlebt, dass uns die Lösung eines

Problems plötzlich vor Augen stand, als wir nach langen Bemühungen entnervt aufgaben und uns mit etwas anderem beschäftigten. In solchen Augenblicken kommt die schöpferische Aufmerksamkeit zum Zuge. Wir lassen von der verkrampften Konzentration ab und gewähren uns bei unserer Suche nach der Lösung eine Pause. In dieser Zeit stellt die schöpferische Aufmerksamkeit neue Verbindungen her und erschließt neue Möglichkeiten.

Der Wahrnehmungskanal, der die schöpferische Aufmerksamkeit auslöst, enthält die gestalterische Kraft des Geistes. Hier sitzt unsere Kreativität. Und gerade diesen Bereich wollen wir bei unserer Wahrnehmung meist gar nicht zulassen. Diese Tätigkeit des Unterbewusstseins bezeichnen wir als Unkonzentriertheit. Diese Einstellung müssen wir verändern.

Wie können wir als Eltern diese „Geistesabwesenheit“ unseres Kindes als den entscheidenden Punkt anerkennen, der am meisten unserer Förderung bedarf? Wie können wir unserem Kind dabei helfen, sich die Zeit zum gründlichen Nachdenken zu nehmen – während es so aussieht, als würde es gar nichts denken?

Es gibt Aufgaben, die automatisch eine schöpferische Aufmerksamkeit auslösen. Um diese Art des Denkens, bei der Geistesblitze, Alternativen und neue Verhaltensmuster entstehen, geht es beim kreativen Schreiben und bei der Durchführung von Experimenten. Kinder, deren Aufmerksamkeit sich durch akustische Reize erweitert, werden vielleicht kreativ, wenn sie ihre Lieblingsmusik hören oder ein Lied summen. Kritzeln hilft Kindern, dieses schöpferische Bewusstsein durch visuelle

Stimulation zu erreichen. Kinästhetisch orientierte Kinder erlangen diesen Zustand, wenn sie im Zimmer oder im Haus herumlaufen. Manchen Kindern fällt es schwer, diesen Geisteszustand zu erlangen, weil die Schule ständig von ihnen verlangt, sich mit den Gedanken anderer Menschen zu befassen. Lassen Sie Ihrem Kind Zeit, üben Sie dieses schöpferische Denken regelmäßig. Achten Sie darauf, wie schnell sich Ihr Kind dabei geistig erholt und neue Motivation entwickelt.

Bei jedem Kind wird die Kreativität von bestimmten Reizen angeregt.

Abschalten gehört zur Konzentration

Wenn sich Ihr Kind nicht auf die zu erledigenden Aufgaben konzentrieren kann, kann sein Verstand vielleicht einfach nichts Neues mehr aufnehmen. Er braucht eine Ruhepause, um die Themen eingehender zu durchdenken. Dann müssen Sie Ihrem Kind beim Abschalten helfen.

Doch was bedeutet „Abschalten“? Es bedeutet im Wesentlichen, seinen Geist loszulassen. Ermuntern Sie Ihr Kind, einer anderen Beschäftigung nachzugehen. Schlagen Sie ihm vor, ein Bad zu nehmen, Musik zu hören, spazieren zu gehen oder zu kneten. Manchen Kindern hilft es, sich Tagträumen hinzugeben, zu zeichnen oder eine Flamme zu beobachten. Andere ziehen sich an einen ruhigen Ort zurück, lauschen den Geräuschen der Natur, summen ein Lied oder spielen Klavier.

Achten Sie jedoch darauf, Ihrem Kind in dieser Situation nicht zu viel Inhalte anzubieten. Wenn es fernsieht oder Comics liest, kann es nicht abschalten. Auf diesem Weg wird der Geist nur noch weiter angefüllt. Auch beim Singen oder bei Arbeiten im Haushalt kann man nicht abschalten. Ermuntern Sie Ihr Kind stattdessen, einfach dazusitzen, sich auszuruhen, zu schaukeln, ein Lied zu summen oder zu pfeifen oder die Katze zu streicheln.

Nur wer Pausen einlegt und sich einen Ausgleich schafft, kann effektiv lernen und denken.

Denken Sie daran: Das Kind ist nicht undiszipliniert oder faul, wenn es sich ablenken lässt. Die drei Formen der Aufmerksamkeit werden nicht durch Zauberei herbeigeführt, sondern durch die Wahrnehmungen des Kindes. Wenn wir diese verschiedenen Aufmerksamkeitszustände und Wahrnehmungskanäle verstehen, können wir jedes Problem in der richtigen Weise angehen: konzentriert, untersuchend oder schöpferisch. Wechseln Sie regelmäßig die Wahrnehmungskanäle. Zeigen Sie Verständnis für die der Verwirrung und Geistesabwesenheit zugrunde liegenden Bewusstseinszustände. Verwandeln Sie Verwirrung in Neugierde und betrachten Sie Geistesabwesenheit als etwas Positives. Geben Sie Ihrem Kind die Zeit abzuschalten.

Wenn Sie Ihrem Kind auf seinem Weg durch die Aufmerksamkeitsspirale helfen, ermöglichen Sie ihm, neue Erfahrungen in sein Bewusstsein zu integrieren. Sie helfen ihm dabei, seine Denkfähigkeit und seine kreative Begabung voll und ganz zu entfalten.

Zum Nachdenken:

- *Was wissen Sie nun über die Faktoren, die die Konzentrationsfähigkeit Ihres Kindes bestimmen?*
- *Welche Dinge verwirren Ihr Kind?*
- *Auf welche Weise erforscht es gern Neues?*
- *Wovon lässt sich Ihr Kind am leichtesten ablenken?*
- *Wie können Sie Ihrem Kind helfen abzuschalten?*

7. Kapitel

Der individuelle Arbeitsplatz

Jedes Kind braucht seine ganz spezielle Umgebung, um gut lernen zu können. Die einen suchen viele Anregungen aus der Umgebung, die anderen schotten sich völlig ab.

Wo fühlt sich das Kind wohl?

Allgemein gültige Regelungen für den „idealen" Arbeitsplatz gibt es nicht.

Im Unterschied zu vielen anderen Pädagogen gibt es meiner Meinung nach kein Patentrezept zur Einrichtung eines Arbeitsplatzes für Ihr Kind. Oft wird empfohlen, einen Platz einzurichten, der nur zum Lernen dient; einen ruhigen Ort mit Schreibtisch und Stuhl, guter Beleuchtung und wenigen optischen Ablenkungen. Für manche Menschen ist eine solche Arbeitsumgebung förderlich; andere jedoch können in einer anregenderen Atmosphäre besser arbeiten. In diesem Kapitel haben Sie Gelegenheit, die optimale Lernumgebung für Ihr Kind zu erkunden. Sie erhalten viele Anregungen zur Einrichtung eines individuellen Arbeitsplatzes. Achten Sie darauf, welche Möglichkeiten Ihr Kind selbst umsetzt. Lassen Sie sich überraschen, welche Faktoren das Hausaufgabenmachen erleichtern können.

Denken Sie zunächst darüber nach, wo und wie Ihr Kind sich selbst seinen Arbeitsplatz einrichtet.

- In welchem Zimmer lernt Ihr Kind gewöhnlich? Warum wählt es Ihrer Meinung nach diesen Ort?
- Mit welchen Hilfsmitteln macht es sich Ihr Kind gemütlich?
- Sitzt es beim Lernen an einem Tisch oder liegt es auf dem Bett oder dem Fußboden?
- Bleibt es beim Lernen in einer Stellung oder bewegt es sich häufig?
- Nascht oder trinkt Ihr Kind beim Lernen gern?
- Welche Dinge muss Ihr Kind unbedingt in seiner Arbeitsumgebung haben und welche auf gar keinen Fall?
- Was hilft ihm, zu einem optisch ansprechenden Arbeitsergebnis zu kommen?
- Braucht Ihr Kind beim Lernen Ruhe, Hintergrundsgeräusche oder Musik? Schwankt diese Vorliebe, und wenn ja, aus welchem Grund?

- Welche typischen Lerngewohnheiten hat Ihr Kind?
- Gleichen diese Gewohnheiten dem Verhalten des Kindes, wenn es einem Hobby oder anderen Interessen nachgeht?

Die Bedeutung der Lernumgebung

Die visuellen, akustischen und kinästhetischen Eindrücke beim Lernen führen Ihr Kind durch die Denkspirale; sie unterstützen es bei der Erledigung der Hausaufgaben oder behindern es. Ob ein Kind beim Lernen auf dem Fußboden liegt, Musik hört oder einige Minuten lang aus dem Fenster starrt – es ist oft die richtige Methode für dieses Kind.

Versuchen Sie zu verstehen, warum Ihr Kind sich seine speziellen Lernbedingungen schafft.

Ich hatte mit Brian eine stillschweigende Übereinkunft über die Beleuchtung in seinem Zimmer. Das tägliche Szenarium ähnelte einer Komödie. Wenn Brian in sein Zimmer ging, schaltete er die Deckenbeleuchtung ein. Jedes Mal, wenn ich hereinkam, knipste ich das Licht wieder aus und schaltete die hellere Schreibtischlampe ein. Das indirekte Licht der Lampe an der Decke kam mir so trüb vor; ich konnte nicht verstehen, warum er diese Beleuchtung wählte. Schließlich wurde mir bewusst, dass ich versuchte, Brian an das Licht zu gewöhnen, das mir selbst am Schreibtisch am meisten zusagte. Wir redeten darüber – und über seine anderen Arbeitsgewohnheiten: dass ständig der Fernseher lief, dass er mit dem Buch auf dem Schoß arbeitete und sich zum Schreiben auf dem Wohnzimmerfußboden ausbreitete. Mir wurde klar, dass ich meinen Arbeitsstil auf Brian übertragen wollte. Dabei wusste er selbst sehr gut, auf welche Weise er am besten arbeiten konnte.

Auch in der Schule unterscheidet sich die richtige Lernumgebung von Schüler zu Schüler. Willi war ein Junge, der mich faszinierte, da er oft Entscheidungen traf, die meiner

Auch in der Schule braucht jeder Schüler seine individuelle Lernumgebung.

Natur zuwiderliefen. Ich arbeite am besten, wenn ich auf meinem Platz sitzen bleibe und mein Schreibtisch möglichst leer ist. Folglich sagte ich Willi ständig, er solle still sitzen und seine Spielsachen und Stifte wegräumen. Eines Tages erkannte ich, dass er am dann am besten arbeitete, wenn schon fast Pause war und er sich bewegen, etwas in den Händen halten, essen und trinken durfte. Bis dahin hatte ich angenommen, all dies halte Willi nur vom Arbeiten ab. Stattdessen halfen ihm diese Aktivitäten, bei der Sache zu bleiben. Von da an erlaubte ich Willi, sich auf dem Fußboden auszubreiten, stehend zu arbeiten und mit einem Radiergummi zu spielen.

Obwohl Willi Bewegung brauchte, ließ er sich von jeglichem Geräusch leicht ablenken. Ich durfte ihn nie in Robins Nähe lassen, denn Robin murmelte beim Lesen immer vor sich hin. Robin wiederum blieb beim Lernen sitzen und wurde fast verrückt, wenn Willi im Zimmer herumlief. Ich richtete also in einer Ecke einen Arbeitsplatz für Robin ein, wo seine Stimme Willi nicht störte und er selbst von Willis Unruhe nicht abgelenkt wurde.

Jeder Mensch wird von den verschiedenen Sinnesreizen auf andere Weise angeregt. Bestimmte Elemente in der Lernumgebung helfen Ihrem Kind, sich zu konzentrieren; andere liefern ihm neue Ideen oder helfen ihm, seine Gedanken zu strukturieren oder Neues umzusetzen. Denken Sie daran, dass Ihr Kind sowohl in der Schule als auch zu Hause über alle drei Wahrnehmungskanäle stimuliert werden muss, um optimal lernen zu können.

Die folgenden nach Wahrnehmungskanälen geordneten Fragen helfen Ihnen dabei, über die Lernumgebung Ihres

Kindes und seine natürlichen Vorlieben nachzudenken. Jede Frage weist auf mindestens eine Option hin, die dem Kind dabei hilft, besser zu lernen. Entwickeln Sie gemeinsam weitere Möglichkeiten. Experimentieren Sie und lassen Sie sich von den Ergebnissen überraschen.

Probieren Sie bei jedem Punkt mehrere Möglichkeiten aus. Überprüfen Sie, welche hilfreich sind und welche nicht. Helfen Sie Ihrem Kind, neue Wege zu entwickeln, die das Lernen erleichtern. Manchmal kommen wir nicht weiter, weil wir eine bestimmte Option für die einzig richtige halten.

Als Valeries Mutter erkannte, dass ihre Tochter ein kinästhetischer Lerntyp war, schlug sie Valerie vor, beim Lesen einen Gummiball zu drücken. Valerie brauchte zur Konzentration jedoch eine viel intensivere kinästhetische Aktivität, sodass sie auch weiterhin über ihren Büchern einschlief. Gemeinsam fanden sie schließlich heraus, dass Valerie sich am besten auf die Lektüre konzentrieren konnte, wenn sie dabei auf einem Heimtrainer in die Pedale trat.

Manchmal genügen schon kleinste Veränderungen, um die Leistungen Ihres Kindes zu verbessern. Angela fand heraus, dass sie mit einem dicken Filzstift wesentlich besser schreiben konnte als mit einem dünnen Bleistift. Diese einfache Veränderung führte dazu, dass sie plötzlich Spaß am Schreiben hatte.

Kinästhetische Hilfen

Lernt Ihr Kind gern allein?

Lernt es besser in Gemeinschaft? In welcher Gemeinschaft?

- Lernpartner: Mitschüler, die die gleichen Aufgaben erledigen

- Schulkameraden, die ihm Nachhilfe geben
- Nachhilfelehrer: Eltern, ältere Geschwister oder Lehrer
- Lerngemeinschaften: gemeinsam in einem Raum mit anderen Kindern, die andere Aufgaben erledigen

Lernt Ihr Kind lieber in vertrauter oder lieber in ungewohnter Umgebung?

Lernt Ihr Kind an einem oder mehreren der folgenden Orte?

- In seinem Zimmer; im Zimmer eines Geschwisterkindes
- In Gemeinschaftsräumen: Wohnzimmer, Esszimmer, Küche
- In anderen Räumen: Gästezimmer, Arbeitszimmer, Veranda

Lernt Ihr Kind lieber außer Haus?

- In der Bibliothek, bei Freunden, in der Schule
- Unterwegs: in Bussen und Bahnen, im Auto, beim Inlineskaten, beim Radfahren, beim Spazierengehen
- An öffentlichen Orten: in Cafés und Restaurants
- Im Freien: im Hof, in einem Park, am Campingtisch, in einem Liegestuhl, auf einer Decke

Worauf sitzt Ihr Kind am liebsten?

- Auf einem festen Stuhl oder Hocker, auf dem es aufrecht sitzt
- Auf weichen, flexiblen Sitzmöbeln, wie Polstersessel, Sitzsack und Liegestuhl, auf denen man die Haltung immer wieder verändern kann
- Auf Sofas und Betten im Liegen, evtl. gemeinsam mit anderen Kindern
- Auf beweglichen Sitzmöbeln, wie Schaukelstuhl, Drehstuhl, Hollywoodschaukel,
- Auf Fitnessgeräten, wie Heimtrainer, Stepwalker

- Auf dem Boden, bevorzugt auf dem Teppich, dem Holz-, Fliesen- oder Linoleumfußboden

Wo schreibt Ihr Kind am liebsten?

- An normalen Tischen und Schreibtischen, im Sitzen
- An Stehpulten, Staffeleien, Flipcharts
- An Zeichentischen, auf einem hohen Stuhl sitzend
- Auf dem Schoß
- Auf dem Fußboden

Isst oder trinkt Ihr Kind beim Lernen?

Kaut es auf seinen Stiften oder an seinen Nägeln? Womit könnte man dieses Bedürfnis noch befriedigen?

- Mit Snacks, wie Salzstangen, Popcorn, Karotten, Äpfeln, Rosinen, Müsliriegeln, Keksen, Sandwiches
- Mit Wasser, Milch, Säften, Energiedrinks
- Mit Kaugummi

Lernt Ihr Kind gern während Sie kochen?

Vielleicht unterstützen Gerüche sein Denken. Welche angenehmen Gerüche könnten ihm noch helfen?

- Duftkerzen
- Blumen
- Ein Papiertuch bestreut mit Gewürzen: Zimt, Muskatnuss, Nelken, Vanille, Mandeln, Anis
- Duftspender, Duftmischungen, Räucherstäbchen
- Duftlampe und Aromaöle
- Parfüm

Hält Ihr Kind beim Lernen gern etwas in den Händen?

Spielt es mit seinen Haaren oder Ohren oder mit kleinen Gegenständen? Womit könnte dieses Bedürfnis noch befriedigt werden?

- Mit einem glatten Stein, einem Stück Ton
- Mit Murmeln, Legosteinen
- Mit einem weichen Stück Stoff, einem zweiten Stift, einem Stofftier

Möchte Ihr Kind nachmittags bei den Hausaufgaben dieselbe Kleidung tragen wie in der Schule?

Oder zieht es sich um? Es trägt gern:

- lockere, bequeme Kleidung, Pullover, Pantoffeln
- Kleider in einer bestimmten Farbe oder aus einem bestimmten Material, etwas Wärmendes
- besondere Accessoires, z. B. einen Hut, einen Gürtel

Kann sich Ihr Kind bei kühleren Temperaturen besser konzentrieren?

- Bei offenem Fenster, laufendem Ventilator

Fühlt sich Ihr Kind bei Wärme wohler?

- Bei geschlossenem Fenster, in eine Decke gehüllt, vor einem Heizgerät

Visuelle Hilfen

Wie reagiert Ihr Kind auf visuelle Reize?

Fördert es die Konzentration Ihres Kindes, wenn es etwas betrachten kann?

Zweidimensionaler Zimmerschmuck

- Poster von Stars, Orten, Dingen
- Fotos von Angehörigen, Freunden, Haustieren
- Abstrakte Bilder in Farbe oder Schwarzweiß
- Berühmte Gemälde
- Eigene Kunstwerke
- Naturaufnahmen

- Aufbauende Texte – Sprichwörter, Vorsätze, Gedichte, Liedtexte, Zielformulierungen

Dreidimensionale Gegenstände

- Bewegte Gegenstände oder Tiere – Mobiles, Haustiere, Fische
- Pokale, Souvenirs, Sammlungen

Arbeitet Ihr Kind besser, wenn es optisch gar nicht oder kaum stimuliert wird?

- Vor einer kahlen Wand
- Vor leeren Bilderrahmen, in die es sich etwas hineindenken kann

Muss sich Ihr Kind beim Lernen immer wieder durch visuelle Eindrücke erholen?

- Beim Blick aus dem Fenster: Es betrachtet den Sonnenuntergang, den Himmel, die Bäume, die Nachbarhäuser, den Garten.

Bei welchem Licht arbeitet Ihr Kind am besten?

- Bei direkter Beleuchtung
- Mit einer Leselampe auf dem Tisch
- Unter einer Beleuchtungsschiene
- Neben einer beweglichen Stehlampe
- Bei indirektem Licht – Deckenlampe, Halogenstrahler
- Bei trübem Licht, hellem Licht
- Bei weißem Licht, gelbem Licht, farbigem Licht, Farbwechseln

Wie wird das Lernen Ihres Kindes durch Chaos auf dem Schreibtisch beeinflusst?

- Müssen die Arbeitsfläche und die Schreibtischumgebung sehr ordentlich und möglichst leer sein?

- Kann das Kind über seinen Krimskrams hinwegsehen und sich trotzdem konzentrieren?

Welche Ausstattung hilft Ihrem Kind, visuell kreativ zu sein?

Arbeitsmaterialien, die Bewegung ermöglichen

- Große, weiße Tafeln mit Filzstiften
- Staffelei mit Farben
- Schiefertafel mit farbiger Kreide
- Magnettafeln und -buchstaben

Papier, um das Schreiben von Zahlen und Buchstaben zu üben

- Staffeleipapier – Blanko oder Millimeterpapier
- Liniertes oder unliniertes Papier
- Zeichenpapier, Altpapier
- Haftzettel, Karteikarten

Schreibwerkzeuge

- Kugelschreiber, Patronenfüller, Filzschreiber
- Dicke Spitze, dünne Spitze, Feinliner (Mikrospitze)
- Bleistift, Drehbleistift
- Radiergummi, Tintentod
- Lineale, Geodreiecke, Kompass, Schablonen
- Computer/Textverarbeitungsprogramme
- Künstlerbedarf
- Textmarker – dünne Spitze, dicke Spitze, abwaschbar, wasserfest
- Buntstifte
- Wachsmalstifte, Pastellfarben, Ölfarben, Wasserfarben

Akustische Hilfen

Wie reagiert Ihr Kind beim Lernen auf Geräusche?

Kann es sich bei Hintergrundgeräuschen besser konzentrieren?

- Radio

- Fernsehen
- Haushaltsgeräusche – Kühlschrank, Spülmaschine
- Geräusche aus der Nachbarschaft/Verkehrslärm

Arbeitet es am besten mit Musik?

- Musik bei Zimmerlautstärke
- Musik über Kopfhörer
- Instrumentalmusik ohne Gesang – Klassik, Jazz
- Aufgenommene Geräusche aus der Natur
- Songs zum Träumen
- Songs, die aufputschen
- Beruhigende Songs
- Fremdsprachige Songs

Kann sich Ihr Kind nur in völliger Stille konzentrieren?

- Bei geschlossenen Türen
- Mit Ohrstöpseln
- Mit Kopfhörern ohne Ton

Muss Ihr Kind hören, was es liest?

- Eine Geschichte als Hörbuch anhören und mitlesen
- Sich die Geschichte vorlesen lassen und mitlesen
- Die Geschichte selbst laut lesen
- Die Geschichte selbst laut vorlesen und dabei aufnehmen, danach mehrmals abhören

Muss Ihr Kind beim Lernen Geräusche machen?

- Sich den Lernstoff laut vorlesen
- Sich selbst Fragen stellen und Antworten geben
- Reime durch Rhythmen intonieren
- Sich abhören lassen
- Vokabeln und Begriffe laut wiederholen
- Arbeitsentwürfe auf Kassette aufnehmen

Die Lernumgebung kann die Konzentration auf interessante und ungewöhnliche Weise fördern. Wenn Sie herausgefunden haben, welche Elemente Ihr Kind unterstützen, kann es sich selbst in jeder Umgebung optimale Lernbedingungen schaffen. Dies kommt dem Kind vor allem später zugute, wenn es ohne Ihre ständige Unterstützung lernen und arbeiten muss.

Zum Nachdenken:

- *Was haben Sie über die natürlichen Lerngewohnheiten Ihres Kindes herausgefunden?*
- *Was hat Sie überrascht?*
- *Aus welchen Vorschlägen kann Ihr Kind jetzt auswählen?*
- *Wie könnte Ihr Kind die neuen Erkenntnisse auch für seine Hobbys nutzen?*

8. Kapitel

Lernblockaden lösen – Ideen umsetzen

Manchmal ist ein Kind beim Lernen völlig „blockiert“, dann wieder verzettelt es sich oder dreht sich im Kreis. Wie kann man Abhilfe schaffen?

Wenn das Kind nicht weiterweiß

Wir wollen unserem Kind vor allem dann bei den Hausaufgaben helfen, wenn es nicht mehr weiterweiß. Viele Eltern fürchten, nicht ausreichend helfen zu können, weil ihre Mathematik- oder Geschichtskenntnisse nicht auf dem neuesten Stand sind. Oft ist jedoch gar nicht das Wissen ausschlaggebend. Man braucht den Stoff manchmal nur anders anzugehen. Wir helfen einem Kind am besten, wenn wir es anleiten, sein Wissen und seine Fähigkeiten optimal zu nutzen.

Denken Sie einige Minuten darüber nach, wann Ihr Kind bei seinen Hausaufgaben oft nicht mehr weiterkommt und wie Sie beide darauf reagieren:

Nicht vormachen oder vorsagen, sondern Hilfe zur Selbsthilfe ist die beste Unterstützung.

- Wann weiß Ihr Kind nicht mehr weiter?
- Sind davon immer dieselben Fächer betroffen? Welche?
- Welche Wahrnehmungskanäle werden bei diesen Hausaufgaben gewöhnlich angesprochen?
- Hat Ihr Kind immer zur selben Zeit keine Lust mehr oder „kann“ nicht mehr? Gibt es einen Zusammenhang mit seiner persönlichen Leistungskurve?
- Was tut Ihr Kind, wenn es nicht mehr weiterweiß?
- Beginnt es mit einer anderen Aufgabe?
- Bleibt es in jedem Fall bei der Sache?
- Macht es eine Pause, um sich danach wieder mit dem Problem zu beschäftigen?
- Bekommt es schlechte Laune?
- Gibt es auf?
- Bittet es um Hilfe? Die Eltern? Andere Personen?
- Wie bittet es um Hilfe?
- Auf welche Weise helfen Sie Ihrem Kind?
- Haben Sie das Gefühl, die Aufgabe zuerst selbst lösen zu müssen, bevor Sie helfen können?
- Versuchen Sie, Ihrem Kind den Lösungsweg zu erklären?

- Zeigen Sie Ihrem Kind, wie die Aufgabe geht, und bitten Sie es dann, es wieder selbst zu versuchen?
- Lösen Sie die Aufgabe gemeinsam mit dem Kind?
- Lösen Sie sie für Ihr Kind?
- Welche Vorgehensweise ist für Sie beide am besten?
- Weiß Ihr Kind auch bei anderen Interessen manchmal nicht mehr weiter: beim Malen, im Musikunterricht, im Sport?
- Wie kommt es bei diesen Beschäftigungen weiter?

Jeder neigt dazu, in festgefahrenen Gleisen stecken zu bleiben – auch beim Lernen. Wir denken nur noch in bekannten Schemata und suchen nicht nach neuen Lösungswegen und Denkweisen.

Dafür gibt es drei Ursachen:

1. Beim Lernen hängt man fest, wenn man sich zu sehr konzentriert und über die gleiche Sache immer und immer wieder nachdenkt.

2. Man kommt nicht weiter, wenn sich die Aufmerksamkeit zu sehr erweitert, man also zu offen ist für Assoziationen und ständig abschweift

3. oder wenn man den Überblick verliert und sich in seinen Gedanken verliert.

Um diese Fallen zu vermeiden, halten Sie sich in Zukunft an folgende einfache Richtlinie:

Wechseln Sie die Wahrnehmungskanäle: Helfen Sie Ihrem Kind, bei seiner Arbeit zwischen visuellen, akustischen und kinästhetischen Arbeitsweisen zu pendeln.

Frische Impulse durch neue Sinnesreize

Lehren Sie Ihr Kind, immer wieder auf andere Weise an eine Aufgabe heranzugehen.

Wenn man beim Lernen nicht weiterkommt, fehlt meist einfach ein neuer Reiz, ein neuer Anstoß. Man kommt auf der Wahrnehmungsebene, auf der man arbeitet, nicht mehr weiter. Ein anderer Sinn ist gefordert. Finden Sie deshalb in solchen Situationen heraus, mit welchem Wahrnehmungskanal Ihr Kind arbeitet und regen Sie es an, auf andere Weise an die Aufgabe heranzugehen. Manchmal genügt es auch, im selben Wahrnehmungskanal von passiver Aufnahme zu aktivem Handeln überzugehen. Wenn Ihr Kind den Wahrnehmungsstil ändert, erkundet es das Problem auch von einem anderen Standpunkt aus. Lehren Sie Ihr Kind, selbst zu erkennen, wann es feststeckt. Sagen Sie ihm, was Sie wahrnehmen. Zeigen Sie ihm, wie man den Wahrnehmungskanal wechselt. Dies wird Ihr Kind befähigen, seine Probleme später auch ohne Ihre Hilfe zu lösen. Es schult so sein ganzheitliches Denken und kann flexibel auf Probleme eingehen. Dies wiederum stärkt sein Selbstwertgefühl. Diese Fähigkeiten sind von besonderer Bedeutung für ein erfolgreiches lebenslanges Lernen.

„Sackgasse“: völlig blockiert

Christine macht ihre Mutter ganz verrückt, wenn sie beim Lernen ständig mit dem Drehstuhl auf dem Küchenboden hin und her rollt. Robin rasselt einen endlosen Strom von Geschichten herunter und berichtet seinem geduldigen Vater alle Einzelheiten seines Tages. Diese Kinder sind „blockiert“; sie sollten ihre Hausaufgaben machen, sitzen oft auch vor ihren Aufgaben, hängen aber völlig fest. Sie sitzen an der Sache, beschäftigen sich aber mit etwas anderem. Sie haben Probleme, mit den Aufgaben anzufangen und sich auf den Stoff einzustellen.

Aber auch bei der Erledigung einer Aufgabe kann sich

das Kind verfangen; z. B. wenn es sich vor lauter Perfektionismus in den Details verliert und übersieht, worum es bei der Aufgabe geht. In dieser Sackgasse stecken Kinder oft, wenn sie auf Arbeiten büffeln, sich Vokabeln eintrichtern oder an einem Projekt arbeiten, ohne wirklich zu verstehen, worum es dabei eigentlich geht.

Irgendwie gelingt es dem Kind nicht, sich auf die Aufgaben einzustellen – obwohl es sich konzentriert.

Wenn ein Kind in dieser Sackgasse steckt, genügt es oft, es vom passiven Aufnehmen zur aktiven Wiederangabe anzuleiten – oder auch umgekehrt. Zeigen Sie Ihrem Kind, wie es seine anderen Wahrnehmungskanäle aktivieren kann und sich den Stoff nicht nur ins Kurzzeit-, sondern auch ins Langzeitgedächtnis einprägen kann. Nach Wahrnehmungskanälen geordnet finden Sie im Folgenden einige typische Sackgassen und entsprechende Auswege.

Kinästhetische Sackgasse

- Das Kind kommt nicht zur Ruhe: Es bewegt sich ständig, zappelt herum, fasst alles an oder isst.
- Das Kind erledigt zwar die Aufgabe, versteht jedoch nicht, worum es dabei geht.
- Das Kind verliert sich in stereotypen Verrichtungen.

Hilfen:

- Berühren Sie das Kind. Helfen Sie ihm, eine bequeme Position zu finden. Beleben Sie es durch einen Duft; bieten Sie ihm ein Getränk oder einen Imbiss an – wecken Sie seine kinästhetische Aufnahmebereitschaft.
- Machen Sie einen konkreten Vorschlag, wie es mit den Hausaufgaben beginnen kann, z. B. mit der einfachsten Aufgabe.
- Stellen Sie Ihrem Kind Fragen. Zeichnen Sie Schaubilder; schreiben Sie die einzelnen Arbeitsschritte auf. So kann es den Stoff leichter verstehen.
- Regen Sie es dazu an, zur Unterstützung seiner natür-

lichen Begabungen andere Wahrnehmungskanäle zu verwenden – schlagen Sie ihm vor, in seiner Phantasie einen Film zu drehen, der zeigt, wie es die Aufgabe perfekt erledigt.

Visuelle Sackgasse

- Wie besessen beschäftigt sich das Kind mit Aufräumen oder Saubermachen. Es kann seine Umgebung endlos betrachten.
- Das Kind strebt nach optischer Perfektion; es schreibt z. B. Texte immer wieder neu ab, bis sie makellos sind.
- Das Kind liest und schreibt ohne mitzudenken, achtet nur auf die Form, nicht auf den Inhalt.

Hilfen:

- Schaffen Sie einen Lernbereich, der leicht in Ordnung zu halten ist. Begrenzen Sie die Zeit, in der das Kind aufräumen darf.
- Halten Sie Blickkontakt zu Ihrem Kind; machen Sie es auf andere interessante Dinge aufmerksam, damit es von seinem sturen Aufräumen abgelenkt wird.
- Schlagen Sie Ihrem Kind vor, zum Einstieg über die Hausaufgaben ein Bild zu malen oder sich selbst durch einen Brief zu motivieren.
- Wenn Ihr Kind einen Aufsatz schreiben muss, bitten Sie es, Ihnen die Geschichte vor dem Niederschreiben erst zu erzählen; dann hängt es nicht schon fest, wenn es den ersten Absatz perfekt schreiben will.
- Lassen Sie das Kind die Geschichte erst auf Tonband sprechen. Dann hat es einen Rohentwurf, auf dem es bei der Reinschrift aufbauen kann.
- Wenn Ihr Kind am Computer arbeitet, schalten Sie den Monitor beim Schreiben aus. Dann wird es nicht ständig von seinen Fehlern abgelenkt, sondern kann

sich auf die Geschichte konzentrieren. Die Fehler kann es danach korrigieren.

- Sprechen Sie über den Zusammenhang zwischen dem Lernstoff und seinen Alltagserfahrungen.
- Bieten Sie Ihrem Kind ein Getränk oder einen Imbiss an, damit die Hausaufgaben auch sinnliche Erfahrungen bieten.

Akustische Sackgasse

- Das Kind redet ständig mit sich oder anderen. Es hört zwanghaft zu, wenn andere sprechen.
- Das Kind kann sich Fakten gut merken und sie schnell wiedergeben, ohne sie wirklich zu verstehen.
- Das Kind stellt Fragen, ohne auf die Antwort zu achten.

Hilfen:

- Legen Sie Instrumentalmusik auf, damit Ihr Kind aufnahmebereit wird.
- Bitten Sie Ihr Kind, einen aktuellen optischen Eindruck – am besten etwas, das sich bewegt – wiederzugeben. Auf diese Weise wird es visuell und kinästhetisch angeregt.
- Schlagen Sie Ihrem Kind vor, den Lernstoff in einem Schaubild festzuhalten, damit es die Zusammenhänge versteht.
- Leiten Sie das Kind an, gleichzeitig Text und Abbildungen zu betrachten. Lassen Sie das Kind ein Muster oder eine Karte des Lernstoffs zeichnen.
- Hören Sie Ihr Kind mündlich ab. Fordern Sie es auf, zwischen Frage und Antwort immer erst tief ein- und auszuatmen (und dabei nachzudenken).
- Lassen Sie Ihr Kind seine Antworten auf eine Staffelei oder Tafel schreiben; so ist es visuell und kinästhetisch gefordert.

Entscheidungsunfähigkeit: total verzettelt

Willi klagt, er könne sich nicht entscheiden, was er schreiben soll; sein Aufsatz liegt zusammengeknüllt neben dem Papierkorb. Pascal kämpft seit Stunden mit der Ausarbeitung seines Diskussionsbeitrages. Wenn er ihn mit seiner Schwester durchspricht, weiß sie danach nicht, welche Meinung er vertritt. Jeremy kann sich nicht entscheiden, ob er für die Theateraufführung weiter proben soll oder nicht; vor Unentschlossenheit ist er beinahe krank. Die drei Kinder verzetteln sich. Sie erwägen verschiedene Möglichkeiten und pendeln endlos zwischen den einzelnen Möglichkeiten hin und her – „vielleicht dies, vielleicht jenes“. Wie kann man ihnen helfen?

Manchmal ist der Kopf übervoll; dann hüpft das Kind von einer Information zur anderen und kann sie nicht werten und einordnen.

Wenn wir durcheinander sind, brauchen wir Zeit, um all die verschiedenen Möglichkeiten durchzudenken. Allerdings muss unser Verstand diese Überlegungen irgendwann beenden und eine Entscheidung treffen. Der Verstand muss sich darüber klar werden, nach welchen Kriterien er entscheidet, und die Möglichkeiten entsprechend sortieren.

Sie können Ihr Kind bei diesem Entscheidungsprozess unterstützen, wenn Sie ihm helfen, seinen Gedanken eine klare Form zu geben. Sprechen Sie, schreiben Sie, bewegen Sie sich. Helfen Sie dem Kind dabei, sich für eine Option zu entscheiden und diese auszuprobieren. Manchmal ist keine der gegebenen Möglichkeiten wirklich befriedigend. Dann empfiehlt es sich, abzuschalten und darauf zu achten, welche anderen Entscheidungen aus dem kreativen Unbewussten erwachsen. Im Folgenden erfahren Sie, wie man sich bei jedem Wahrnehmungskanal verzetteln kann und wie man wieder weiterkommt.

Kinästhetische Überreizung

- Das Kind wird von widerstreitenden Gefühlen überwältigt; es weiß nicht, wie es sich bewegen, was es für eine Aufgabe tun, womit es die Hausaufgaben beginnen soll.

- Das Kind probiert Verschiedenes aus, ist jedoch von keiner Alternative überzeugt.
- Es wird von den Gefühlen anderer Menschen durcheinander gebracht; es muss auf seine eigenen Gefühle achten.

Hilfen:

- Ermuntern Sie Ihr Kind, körperlich aktiv zu werden oder aufgestaute Gefühle auszudrücken: Es kann um den Block rennen, Witze oder Geschichten erzählen und lachen, und dann seine Entscheidung treffen.
- Lassen Sie das Kind die einzelnen Möglichkeiten ausprobieren. Achten Sie darauf, wie es sich dabei fühlt.
- Regen Sie Ihr Kind an, sich über seine Gefühle klar zu werden, bevor es über die Möglichkeiten nachdenkt.
- Hören Sie Ihrem Kind zu, wenn es über die einzelnen Optionen spricht. Schlagen Sie ihm vor, seine Vorstellungen zeichnerisch oder schriftlich umzusetzen. Achten Sie darauf, wie es die Alternativen darstellt bzw. sie ausdrückt – positiv oder negativ.
- Schlagen Sie dem Kind vor, durch Schweigen, Summen oder Tagträumen abzuschalten. Achten Sie darauf, welche Ideen daraus entstehen.

Visuelle Überreizung

- Das Kind wird von inneren Bildern überschwemmt und weiß nicht, welches davon es zeichnen, über welches es schreiben, welches es ausprobieren soll.
- Es erkennt die Berechtigung verschiedener Standpunkte.
- Es ist verwirrt, wenn die inneren Bilder nicht zur äußeren Realität passen.

Hilfen:

- Helfen Sie Ihrem Kind dabei, die einzelnen Optionen herauszuarbeiten und über jede intensiv nachzudenken. Das Kind soll darauf achten, wie es sich dabei fühlt.
- Schlagen Sie dem Kind vor, für jede Möglichkeit aufzuschreiben, was geschähe, wenn es sich dafür entscheiden würde.
- Lassen Sie das Kind alle Gründe aufschreiben, die für und gegen die einzelnen Alternativen sprechen.
- Sammeln Sie zu jeder Option gemeinsam Bilder und Texte.
- Versuchen Sie nach Möglichkeit, in der Praxis anzuschauen, was die einzelnen Alternativen bedeuten.
- Schlagen Sie dem Kind vor, eine der Möglichkeiten eine Zeit lang auszuprobieren und darauf zu achten, wie es sich dabei fühlt.
- Lassen Sie es so über eine Alternative sprechen, als habe es sich bereits dafür entschieden; achten Sie darauf, welchen Eindruck das Kind macht.
- Schlagen Sie Ihrem Kind vor abzuschalten – schweigend, bei Musik oder einer beruhigenden körperlichen Tätigkeit. Welche neuen Möglichkeiten fallen ihm dabei ein?

Akustische Überreizung

- Das Kind wird überschwemmt von inneren Dialogen, inneren Diskussionen darüber, wie ein Thema gedanklich anzugehen ist und was es sagen soll.
- Es vertritt zuerst die eine Sache, dann die andere und glaubt an beide Möglichkeiten zugleich, auch wenn sie widersprüchlich sind.
- Das Kind wird von den Meinungen anderer Personen

völlig verwirrt. Es muss herausfinden, was es selbst denkt.

Hilfen:

- Stellen Sie dem Kind einfache Fragen zur Klärung: Worum geht es bei dem Thema? Was ist deine Meinung?
- Ermuntern Sie Ihr Kind, die möglichen Herangehensweisen an ein Thema im Einzelnen durchzusprechen und sich dabei vorzustellen, wie sie sich jeweils anfühlen und/oder wie sie aussehen.
- Sprechen Sie mündliche Zusammenfassungen mehrmals durch. Achten Sie darauf, welche Formulierungen besser klingen.
- Geben Sie jeden Aspekt der Angelegenheit in einem anderen Tonfall wieder. Schreiben Sie den Dialog zwischen beiden Seiten auf. Betrachten Sie die Beziehung zwischen beiden Aspekten.
- Lassen Sie das Kind einige Minuten lang herumlaufen oder kritzeln. Achten Sie darauf, welche Wörter und welche neuen Möglichkeiten dabei entstehen.

Unkanalisierte Kreativität: sich im Kreis drehen

Als sein Bruder zum vierten Mal hereinkommt, gibt Robin schließlich auf. Die Hausaufgaben fallen ihm normalerweise leicht, doch heute hat er einfach zu viel Verschiedenes im Kopf. Jeremy starrt auf den Computerbildschirm, unfähig, auch nur eine Zeile zu schreiben. Er hat nicht etwa zu wenige Ideen, sondern zu viele. Willi sucht sich schon zum dritten Mal einen neuen Platz; doch nirgendwo im Haus findet er einen Ort, an dem er seine Gedanken in Ruhe sortieren kann. All diese Kinder „drehen sich im Kreis". Sie hängen im Unterbewussten der schöpferischen Aufmerksamkeit fest; es ist jene Wahrnehmungsebene, die uns zu neuen Ideen verhilft. Diese kreative geistige Energie ist für jeden Lernprozess unerlässlich; doch kann es frustrierend sein, zu viel davon zu besitzen. Diese Kinder haben ihre Aufmerksamkeit so stark erweitert, dass sie sich darin verlieren. Wie kann man ihnen helfen?

Das Kind wird von neuen, eigenen Ideen übermannt. Es bekommt kein System in seine Kreativität.

Die folgenden Vorschläge helfen dem Kind dabei, aus diesem Kreislauf auszubrechen. Manchmal kommen Kinder nicht weiter, weil von außen zu viel auf sie eindringt, oder weil sie beim Erledigen der Hausaufgaben zu viele Einfälle haben. In diesem Fall helfen Sie Ihrem Kind, sich gegen zu viel unerwünschte Stimulation zu schützen. Es empfiehlt sich auch, die anderen beiden Wahrnehmungskanäle zu aktivieren, um ein inneres Gleichgewicht zu schaffen. Probieren Sie die folgenden Vorschläge aus.

Kinästhetische Überflutung

- Das Kind wird von Gefühlen überschwemmt. Es verfügt über zu viel körperliche Energie; es ist unerwarteten oder unerwünschten Bewegungen oder körperlicher Nähe ausgesetzt.
- Sein Verstand entwickelt zu viele Ideen zu bestimmten Aufgaben.

Hilfen:

- Führen Sie Ihr Kind an einen Ort, wo es allein ist. Hier kann es zur Ruhe kommen und sich auf seine eigenen Gefühle konzentrieren.
- Schlagen Sie Aktivitäten vor, bei denen sich Ihr Kind wieder sammeln kann. Sie können jede Tätigkeit wählen, an der Ihr Kind Freude hat.
- Laufen Sie, sprechen Sie, schreiben Sie. Werden Sie aktiv. Ermuntern Sie Ihr Kind dazu, über seine Möglich-

keiten zu sprechen und bei jeder Option zu überlegen, wie wichtig und realistisch sie ist. Schreiben Sie die vernünftigen Alternativen auf.

- Das Kind kann seine Einfälle ordnen, wenn es sich jede Idee bildlich vorstellt und die Gründe, die dafür und dagegen sprechen, aufschreibt oder zeichnet. So kann es herausfinden, welche Ideen es wert sind, weiter verfolgt zu werden.

Visuelle Überflutung

- Das Kind wird von optischen Reizen überschwemmt; es beobachtet ständig andere Menschen.
- Sein Verstand entwickelt zu viele innere Bilder der einzelnen Möglichkeiten.

Hilfen:

- Schlagen Sie dem Kind vor, die Augen zu schließen oder den Blick abzuwenden.
- Schlagen Sie Ihrem Kind vor zu schreiben oder zu malen. Schaffen Sie beruhigende optische Ausdrucksmöglichkeiten.
- Sprechen Sie über die einzelnen Möglichkeiten. Setzen Sie diese Möglichkeiten in ein Lied um. Versuchen Sie auf diese Weise herauszufinden, welche Varianten durchführbar sind und Ihrem Kind zusagen.
- Probieren Sie die Möglichkeiten in Rollenspielen aus. Finden Sie heraus, welche Alternativen sich gut anhören und anfühlen.

Akustische Überflutung

- Das Kind wird überschwemmt von Geräuschen, Stimmen, Fragen.
- Der Verstand entwickelt zu viele Wörter, Ideen, Geräusche.

Hilfen:

- Helfen Sie Ihrem Kind, einen ruhigen Ort zu finden.
- Schlagen Sie Ihrem Kind vor, Selbstgespräche zu führen, Krach zu machen oder ein Lied zu summen, um seinen akustischen Kanal zu aktivieren.
- Helfen Sie Ihrem Kind, die Möglichkeiten, die es entdeckt hat, auszuprobieren; welche fühlt sich gut an?

Zum Nachdenken:

- *Wann und warum kommt Ihr Kind bei den Hausaufgaben manchmal nicht weiter?*
- *Auf welche Weise können Sie ihm in dieser Situation am besten helfen?*
- *Wie könnten diese Erkenntnisse Ihrem Kind auch bei seinen anderen Interessen weiterhelfen?*

9. Kapitel

Alles fertig?

Manchmal geht´s ganz schnell –
dann wieder ziehen sie sich endlos hin.
Und was tun, wenn die Hausaufgaben
nicht fertig werden?

Welchen Stellenwert haben die Hausaufgaben für das Kind?

Manche Kinder wollen ihre Hausaufgaben einfach schnell hinter sich bringen, andere legen viel Wert auf sorgfältige Arbeit.

Die letzten Minuten der Hausaufgaben sind oft die wichtigsten. Beim Abschließen einer Arbeit, bei der Bewertung des Ergebnisses und der Rekapitulation des Gelernten lernt man besonders nachhaltig.

Überlegen Sie einmal in Ruhe, welchen Stellenwert die Hausaufgaben für Ihr Kind haben:

- Wie oft hat Ihr Kind nach den Hausaufgaben noch Zeit für sich selbst?
- Wie oft kommt es vor, dass Ihr Kind bis in den Abend an seinen Hausaufgaben sitzt?
- Schafft Ihr Kind seine Hausaufgaben manchmal gar nicht?
- Bei welchen Freizeitbeschäftigungen entwickelt Ihr Kind selbst den Ehrgeiz, eine Aufgabe zu erledigen oder eine Verpflichtung einzuhalten?
- Welche Tätigkeiten beendet Ihr Kind, bevor sie abgeschlossen sind?
- Bei welchen Tätigkeiten betrachtet es Ihr Kind selbst als wichtig, dass sie gut ausgeführt werden?
- Bei welchen Aufgaben tut Ihr Kind nur das Nötigste, leistet also nur das absolute Minimum?
- Wie helfen Sie Ihrem Kind dabei, gute Arbeit zu verrichten?
- Helfen Sie Ihrem Kind bei der Überprüfung seiner Arbeit? Kontrolliert es seine Aufgaben freiwillig?
- Wie wichtig sind Ihrem Kind die Zensuren?
- Wie wichtig sind Ihnen die Noten Ihres Kindes?
- Wie beendet Ihr Kind gewöhnlich seine Hausaufgaben?
- Wie und wann denkt Ihr Kind darüber nach, was es geleistet hat?

- Wie denkt Ihr Kind über die Hausaufgaben im Allgemeinen?
- Wie fühlen Sie sich normalerweise, wenn Sie gemeinsam mit Ihrem Kind die Hausaufgaben erledigt haben?

Wenn es zu viele Hausaufgaben gibt

Wenn Brian am Spätnachmittag den Stift beiseite legt und seine Bücher in den Schulranzen packt, kann er es kaum erwarten, seine Freizeit zu genießen. Nach Möglichkeit möchte er noch hinaus, Rad fahren oder Inline skaten. Wenn das Wetter schlecht ist, möchte er fernsehen oder Musik hören. Wenn viel Zeit bleibt, liest er auch noch gerne Abenteuergeschichten. Und ich bin froh, wenn die Hausaufgaben Brian noch Raum zum Atmen lassen. Ich freue mich, wenn er nicht allzu lange daran sitzen musste und noch Zeit für seine Hobbys hat.

Wenn ein Kind jeden Tag mehrere Stunden an den Hausaufgaben sitzt, sollte man mit dem Lehrer sprechen.

Es gibt jedoch auch immer wieder Nachmittage, an denen die Hausaufgaben viel Zeit beanspruchen – manchmal bis in den Abend hinein. Bei genauer Planung gelingt es manchmal, einen realistischen Zeitplan zu erstellen, Prioritäten zu setzen und die Aufgaben ohne Frust schrittweise zu erledigen. An manchen Nachmittagen jedoch, vor allem wenn noch andere regelmäßige Aktivitäten wie Sporttraining oder Musikunterricht anstehen, bleiben Aufgaben auch mal bis in den Abend unerledigt. Was dann? Soll das Kind lieber später ins Bett gehen, um seine Aufgaben noch zu schaffen? Oder soll es am nächsten Tag ohne die Aufgaben in die Schule gehen? Wer entscheidet darüber?

Die letzte Frage ist mir besonders wichtig. Man sollte einem Kind möglichst früh beibringen, die Verantwortung für seine Entscheidungen zu übernehmen. Wir wollen Kindern beibringen, möglichst gut zu arbeiten. Dazu müssen sie aber auch erkennen können, wann sie aufhören sollten. Wir müssen das Kind lehren, seine eigene Aufnahmebereitschaft richtig einzuschätzen. Es muss selbst erkennen, wie lange es effektiv arbeiten kann und wann es einfach nicht mehr leistungsfähig ist.

Die meisten Lehrer verhängen keine Strafe, wenn ein Kind aus einem triftigen Grund einmal seine Hausaufgaben nicht vollständig erledigt hat. Viele Lehrer sind der Meinung, dass ein Kind im Grundschulalter nach eineinhalb Stunden mit den Hausaufgaben aufhören sollte. Auch an weiterführenden Schulen sollte ein Kind nicht den ganzen Nachmittag an den Hausaufgaben sitzen. Wenn ein Schüler sich einmal für fehlende Hausaufgaben entschuldigt, zeigen auch hier die meisten Lehrer Verständnis. Wenn ein Kind über längere Zeit Probleme mit der Fertigstellung der Hausaufgaben hat, sollte ein Gespräch mit dem Klassenlehrer stattfinden. Ist ein Kind besonders in einem Fach über längere Zeit von den Hausaufgaben überfordert, ist das Gespräch mit dem Fachlehrer wichtig. Vielleicht hat das Kind ja besondere Lücken, die dringend gesondert aufgearbeitet werden müssen. Oder es fehlen ihm grundlegende Arbeitstechniken. Oder es passt im Unterricht nicht auf, sodass die Voraussetzungen zur Erledigung der Hausaufgaben fehlen.

Rechtzeitig aufhören

Vor einiger Zeit kämpfte Brian mit seinem ersten Referat. Den ganzen Abend hatte er damit verbracht, aus zwei oder drei Quellen mühsam Informationen zu sammeln. Er war schon fast fertig, als er plötzlich verkündete, er werde nun aufhören. Zuerst war ich dagegen; ich wollte, dass er sitzen blieb und die Aufgabe abschloss. Brian jedoch war fest entschlossen; lieber wollte er seinem Lehrer eine unvollständige Hausaufgabe präsentieren, als sich weiter anzustrengen. Woher wusste er, dass er nicht mehr leistungsfähig war? Da fiel mir auf, dass ich in den letzten zehn Minuten die meiste Arbeit getan hatte. Seine Aufmerksamkeitsspanne betrug nur noch 30 Sekunden. Er war zappelig und versuchte, sich zu konzentrieren; doch es gelang ihm nicht. Brian war an seine Grenzen gekommen. Wir sprachen über meinen Eindruck; ich fragte ihn, wie er es empfand, völlig „erledigt“ zu sein. Er lernte viel aus diesem Gespräch. Wir lernten beide die Anzeichen für seine Erschöpfung erkennen.

Das Kind muss auch erkennen lernen, wann es nicht mehr aufnahmefähig ist und nicht mehr effektiv arbeitet.

Mit Hilfe solcher Gespräche lernt Ihr Kind, selbst zu entscheiden, wie es mit einem Übermaß an Hausaufgaben zurechtkommen kann. Sagen Sie Ihrem Kind, wann Sie den Eindruck haben, dass es sich nicht mehr konzentrieren kann. Wenn das Kind erschöpft ist, bitten Sie es, in seinen Körper hineinzuhören. Was nimmt es dort wahr? Lehren Sie es, eine Arbeit abzubrechen, bevor es körperlich und geistig völlig „erledigt“ ist.

Manchmal braucht es aber nur noch ein wenig Eigenmotivation, um eine wichtige Aufgabe rechzeitig fertig zu stellen. Zeigen Sie Ihrem Kind Strategien, um diesen „toten Punkt“ zu überwinden.

Mit Hilfe folgender Fragen können Sie feststellen, ob Ihr Kind an einem Nachmittag genug gelernt hat.

Wann ist es genug?

- Welche Aufgaben hast du heute erledigt?
- Welche Aufgaben hast du nicht fertig bekommen? Hast du sie soweit fertig gestellt, wie es dir ohne fremde Hilfe möglich war? Soll dir jemand dabei helfen, sie heute noch fertig zu stellen? Wie und wer?
- Hast du keine Kraft mehr? Willst du ganz aufhören oder nur mal eine Pause machen?

- Welche Folgen hat es, wenn du jetzt aufhörst? Welche Probleme wirst du bekommen, wenn du diese Aufgabe nicht fertig stellst?
- Hast du keine Zeit mehr? Was ist wichtiger: fertig zu werden oder noch zum Sport zu gehen?

Eine Bilanz der Hausaufgaben

Das Kind muss lernen, die Qualität seiner geleisteten Arbeit zu bewerten.

Wenn Ihr Kind seine Hausaufgaben beendet, stehen Sie nicht gleich auf. Betrachten Sie zunächst das Ergebnis der gemeinsamen Arbeit. Wenn das Kind die geleistete Arbeit noch einmal überblickt, erkennt es, was es gelernt hat. Es kann den Wert und Nutzen des Gelernten erkennen. Es ist wichtig, eine Bilanz der vollbrachten Leistung zu ziehen. Genauso muss überblickt werden, was nicht geschafft wurde. Auf diesem Weg lernt das Kind, sich selbst einzuschätzen. Es lernt, sich auf Lerninhalte und Lernformen zu konzentrieren. Denken Sie gemeinsam über die folgenden Fragen nach:

Wie erging es dir heute bei den Hausaufgaben?

- Wenn du deiner heutigen Leistung eine Note zwischen 1 und 6 geben solltest, wie würdest du dich einstufen? Warum gibst du dir diese Note?
- Hast du deine Ziele heute erreicht?
- Wie exakt hast du heute deinen Zeitaufwand eingeschätzt? Hast du die wichtigsten Aufgaben geschafft?
- Was gefällt dir an deiner heutigen Leistung?
- Worauf bist du besonders stolz? Was ist dir gut gelungen?
- Wie hast du dir selbst geholfen, als du nicht weiterkamst?
- Hast du auch Spaß an deinen Aufgaben gehabt? In welcher Weise?

Wie man den Lernstoff reflektiert

Vergegenwärtigen Sie sich noch einmal die Ziele, die sich Ihr Kind zu Beginn der Hausaufgaben gesetzt hatte:

- Auf welche Weise hast du dir heute den Lernstoff angeeignet?
- Welche neuen Kenntnisse hast du erworben? An was wirst du dich erinnern?
- Welche Fähigkeiten hast du geübt?
- Wie hast du gezeigt, was du gelernt hast?
- Was hast du über deine Art des Lernens erfahren?

Auf diese Weise erwirbt das Kind Reflexionsfähigkeit und entwickelt ein Bewusstsein über sich selbst, seine Lernweise und seine Lernbedürfnisse. Hier einige Zitate:

- „Hätte ich nur gleich beim ersten Mal die zweite Frage genauer gelesen! Ich hätte mir viel Zeit sparen können. Man sollte immer erst einen Moment überlegen, bevor man eine Frage beantwortet."
- „Ich habe festgestellt, dass ich im Stehen viel besser malen kann."
- „Ich brauche immer sehr lang, um einen Text ins Reine zu schreiben. Ich bin froh, dass ich nun am Computer schreiben lerne."

Wichtig ist auch, dass das Kind lernt, über seine Arbeitstechniken nachzudenken.

Betrachten Sie die Lernfortschritte nicht nur am Ende der täglichen Hausaufgaben. Nehmen Sie sich auch einmal in der Woche oder im Monat Zeit, um gemeinsam darüber nachzudenken, was Ihr Kind gerade lernt und welche Beziehung diese Kenntnisse zu seinen Begabungen und seinen Interessen haben. Überlegen Sie, wann ihm die Schule Spaß macht und ihm sinnvoll erscheint. Welche Aufgaben erweiterten sein Denken und führten es zu neuen Einsichten über die Welt? Sagen Sie es Ihrem Kind, wenn Ihnen auffällt, dass sich seine Kenntnisse in einem Fach verbessert haben.

Helfen Sie Ihrem Kind, sich seiner Erfolge bewusst zu werden und selbstständig zu lernen. Lehren Sie es, Arbeitsschritte zu planen und zu strukturieren. In diesen Momenten erkennen Sie, dass Ihr Kind wirklich etwas lernt. Halten Sie im Alltag immer wieder inne, um sich daran zu freuen, wie Ihr Kind sich entwickelt und verändert, wie es lernt und wächst.

Nehmen Sie als Eltern immer Anteil am Schulstoff Ihres Kindes.

Denken Sie auch darüber nach, wie sich die gemeinsame Arbeit auf Sie auswirkt. Inwiefern haben Sie Ihr Kind besser kennen gelernt? Auf welche Weise haben Sie sich dabei verändert? Denken Sie daran: Sie machen Ihrem Kind auf diese Weise das vielleicht wertvollste Geschenk. Sie helfen ihm dabei, sich selbst, seine Fähigkeiten und Begabungen zu erkennen und Fertigkeiten zu erwerben, mit deren Hilfe es sicher durch sein Leben steuern kann.

Zum Nachdenken:

- *Sind Sie mit dem täglichen Abschluss der Hausaufgaben zufrieden? Würden Sie die Hausaufgaben lieber anders beenden?*
- *An welchen Anzeichen erkennt Ihr Kind, wann es nicht mehr effektiv arbeiten kann? In welcher Situation sollte es durchhalten und weitermachen?*
- *In welcher Weise verbessert sich die Selbsteinschätzung Ihres Kindes?*
- *Auf welche Weise können Sie Ihrem Kind helfen, regelmäßig das erworbene Wissen zu reflektieren?*
- *Wie hat dieser Prozess Ihr Kind, sein Lernverhalten und seine Beziehung zu Ihnen beeinflusst?*

10. Kapitel

Die Einbeziehung der Schule

Ideal wäre es, wenn der Lernstil des Kindes auch in der Schule berücksichtigt würde. Ein Gespräch mit dem Lehrer kann Verständnis wecken.

Ein Profil: der Lernstil Ihres Kindes

Dieses Buch zeigt, wie Sie die natürliche Intelligenz Ihres Kindes entdecken und fördern können. Sicher wissen Sie inzwischen schon genau, wo seine Interessen und Stärken liegen und wie es lernt. Überlegen Sie nun gemeinsam mit Ihrem Kind, was Sie beide hinzugelernt haben.

Ziehen Sie eine Bilanz und charakterisieren Sie den Lernstil Ihres Kindes möglichst genau.

1. Interessen

- Was machst du gern?
- Welche der Dinge, die du schon als kleines Kind gern gemacht hast, magst du heute immer noch?
- Worüber möchtest du noch mehr wissen?

2. Organisation

- Wie organisierst du wichtige Dinge?
- Wie behältst du den Überblick über deine Aufgaben und deine Schulsachen?

3. Zeitplanung

- Zähle einzelne Hausaufgaben auf: Wie viel Zeit musst du voraussichtlich jeweils einplanen?
- Wie planst du langfristige Aufgaben?
- Wie sicherst du dir genügend Freizeit?

4. Zeit und Leistungsfähigkeit

- Zu welcher Tageszeit bist du am leistungsfähigsten?
- Wann hast du deinen „toten Punkt“?
- Was verleiht dir neue Energie? Was beruhigt dich?

5. Lernumgebung

- Wie, wann und wo lernst du gern?
- Welche Utensilien an deinem Arbeitsplatz helfen dir, dich zu konzentrieren?

- Welche Dinge lenken dich am meisten ab?
- Wie findest du nach einer Ablenkung wieder zur Sache zurück?

6. Konzentration und Unaufmerksamkeit

- Was hilft dir, wenn du verwirrt bist?
- Bei welchen Aufgaben weißt du häufig nicht weiter?
- Was hilft dir in dieser Situation weiter?

7. Aufnahme des Lernstoffs

- Was hilft dir, dich an das Gelernte zu erinnern?
- Kinästhetische Umsetzung – eine Verbindung zu früheren Erfahrungen; Dinge, die du mit den Händen geschaffen hast; Körpererfahrungen; Interessen.
- Akustische Umsetzung – eine Verbindung zu Liedern, Gedichten, Rhythmen
- Visuelle Umsetzung – eine Verbindung zu Bildern, Wörtern, zur Realität

8. Freude am Lernen

- Welche Aufgaben machen dir am meisten Spaß?
- Wie kannst du die Hausaufgaben angenehm gestalten?

9. Selbsteinschätzung

- Woher weißt du, wann du aufhören solltest?
- Wie weißt du, dass du die Hausaufgaben schaffst, wenn du dich noch ein wenig anstrengst?
- Wie weißt du, dass du gute Arbeit geleistet hast?
- Wie behältst du den Überblick über deinen Lernstoff?

10. Lernstil

- Welche Erkenntnisse hast du gewonnen?
- Welche Entdeckungen haben dir am meisten geholfen?

Das Gespräch mit dem Lehrer

Sie haben im Verlauf dieses Buches nun die Information über Ihr Kind gesammelt, die ich gerne hätte, wenn ich seine Lehrerin wäre. Sicher sind auch die Lehrer Ihres Kindes offen für diese Informationen. Leider ist eine echte Zusammenarbeit zwischen Lehrern und Eltern auch heute noch selten. Meist kommt es nur zum Gespräch, wenn bereits ernste Schulprobleme aufgetreten sind. Wenn die Schule jedoch den Bedürfnissen der Schüler wirklich gerecht werden will, genügt dies nicht. Lehrer und Eltern sollten vielmehr in einem Dialog über den Sinn der Lerninhalte stehen und einander regelmäßig mitteilen, was sie über die Kinder, die sie gemeinsam betreuen, wissen. Die Zukunft unserer Kinder hängt von dieser Bereitschaft ab.

Es ist für jeden Lehrer hilfreich, möglichst viel über seine Schüler zu wissen. Dann kann er individuell auf jeden eingehen.

Oft wissen Eltern nicht so recht, wie sie auf den Lehrer zugehen könnten. Manche Lehrer sind sehr offen und freuen sich über die Elternmitarbeit. Aber es gibt leider auch noch Lehrer, die meinen, man wolle ihnen „reinreden", wenn sich die Eltern einbringen. Insgesamt lässt sich jedoch feststellen, dass das Interesse der Lehrer am Lernverhalten der Schüler intensiv zunimmt. Viele Lehrer möchten möglichst viel über ihre Schüler wissen. Sie würden sich freuen, wenn die Eltern sie unterstützen und mit ihnen zusammenarbeiten würden.

Überlegen Sie, wie Sie am besten auf den Lehrer zugehen können. Wenn Ihr Kind z. B. Probleme in Mathematik hat und Sie inzwischen wissen, wie es beim Rechnen am besten vorgeht, könnten Sie dem Lehrer folgende Mitteilung schicken: „Leider gerät Max beim Multiplizieren oft durcheinander. Zu Hause verwendet er dazu Murmeln, so dass er die Aufgabe praktisch und anschaulich lösen kann. Dies hilft ihm sehr. Außerdem macht er nach vier Aufgaben immer eine Pause und bewegt sich ein bisschen."

Informieren Sie den Lehrer über Ihre Bemühungen und Ihre Unterstützung des Kindes. Sagen Sie ihm, wie Sie vorgehen. Bitten Sie ihn, Ihnen ebenfalls seine Beobachtungen mitzuteilen. Einmal erzählten mir Eltern, dass sie vom Lehrer erfahren hatten, dass sich ihr Kind in der Schule zum Lesen immer in den Schaukelstuhl setzte. Das hatten Sie selbst zu Hause noch nie in Erwägung gezogen.

Informieren Sie den Lehrer darüber, auf welche Weise Sie Ihr Kind unterstützen.

Unerlässlich: neue Lern- und Lehrmethoden

Es genügt jedoch nicht, die Hintergründe des individuellen Lernverhaltens zu verstehen. Wir müssen gemeinsam ein Repertoire an neuen Lern- und Lehrmethoden entwickeln. Denn erst dann haben wir die Möglichkeit, auch zielgerichtet auf die Bedürfnisse jedes einzelnen Kindes einzugehen.

Die meisten Menschen erzählen gern, wie sie bestimmte Dinge tun. Darauf müssen wir hören und daraus neue Lehrmethoden entwickeln. Denn viele der Ideen, die wir so dringend brauchen, sind noch gar nicht aufgedeckt worden. Manchmal stoßen wir auf Möglichkeiten, an die wir nie zuvor gedacht haben, die für viele Schüler aber sehr hilfreich sein können. Wenn wir für uns selbst bei bestimmten Dingen spezielle Techniken entwickelt haben, sollten wir diese Vorgehensweisen weitergeben.

Wir wissen nie, was einem anderen Menschen nutzen könnte. Behalten Sie deshalb Ihre individuellen Lerntechniken nicht für sich. Suchen Sie das Gespräch mit Lehrern, anderen Eltern und ihren Kindern. Sprechen Sie sowohl über erfolgreiche Methoden wie auch über Misserfolge. Einige der besten Ideen in diesem Buch stammen von Eltern und Lehrern, die uns ihre Entdeckungen mitteilten.

Als Schüler, Eltern und Lehrer müssen wir einander beim Lernen helfen. Treffen Sie sich mit anderen Eltern und

Ungewöhnliche Lernmethoden, die in der Schule kaum vermittelt werden, bringen oft den meisten Erfolg.

deren Kindern und lernen Sie gemeinsam. Manchmal ist es leichter, einem Außenstehenden zu helfen als dem eigenen Kind. Man wird dabei nicht durch Voreingenommenheit und eingefahrene Denkweisen behindert. Auch Ihr Kind kann bei der Arbeit mit anderen Erwachsenen neue Vorgehensweisen entdecken. Wählen Sie ein Thema, besprechen Sie die damit verbundenen Schwierigkeiten, entdecken Sie bei einem gemeinsamen Brainstorming neue Möglichkeiten. Spielen Sie diese Alternativen durch und sprechen Sie dann über die Resultate. Unternehmen Sie gemeinsame Ausflüge. Achten Sie darauf, wie unterschiedlich Menschen auf dasselbe Erlebnis reagieren. Wenn wir sehen, wie andere Menschen an alltägliche Lernaufgaben herangehen, entdecken wir vielleicht neue Wege, Ordnung zu halten, ein Thema anzupacken, mit Unklarheit und anderen Lernproblemen umzugehen und zielgerichtet zu lernen. Statt an den Problemen zu verzweifeln, können wir gemeinsam neue Lösungen entwickeln und die Isolation durchbrechen, die oft erst zu dieser Verzweiflung führt.

Wir sind nun am Ende unserer gemeinsamen Reise angelangt. Im abschließenden Kapitel wird Ihnen Dawna Markova noch einen Eindruck von der Einzigartigkeit Ihres Kindes geben.

Ich wünsche Ihnen, dass die Erfahrungen, die Sie mit Ihrem Kind machen, Ihr Leben und das Ihres Kindes in vielfältiger Weise bereichern werden.

Anne Powell

11. Kapitel

Die Einzigartigkeit Ihres Kindes

Jedes Kind ist etwas ganz Besonderes.
Jedes Kind ist intelligent.
Vertrauen Sie auf die einzigartigen
Begabungen Ihres Kindes.

Eine neue Sicht der Intelligenz

Natürlich vermittelt Ihnen dieses Buch nicht das Wissen, das Sie brauchen, um Ihr Kind durch das Labyrinth der Algebra oder die Geheimnisse literarischer Meisterwerke zu lotsen. Stattdessen haben wir versucht, im Gespräch mit dem Kind Wege zu finden, ihm bei der Entfaltung seiner Begabungen zu helfen.

Fragen Sie also in Zukunft nicht mehr einfach: „Welche Hausaufgaben hast du heute, David?", oder: „Hast du deine Schulaufgaben schon gemacht, Gina?", oder: „Soll ich dir beim Lesen helfen, Lara?" Richten Sie Ihre Fragen stattdessen auf die natürliche Intelligenz und den individuellen Lernstil Ihres Kindes aus. Dann können Sie die selbstverständliche Liebe zum Lernen, die jedes Kind mit auf die Welt bringt, erhalten.

Wie geht's weiter? Welches sind Ihre nächsten Schritte?

Intelligenz bedeutet nicht die fehlerfreie Wiedergabe angelernten Wissens. Intelligenz ist Kreativität, Neugierde, Forscherlust; sie äußert sich auf vielfältige Weise.

Da Sie dieses Buch bis zum Ende gelesen haben, steht außer Frage, dass Ihnen die Qualität der Beziehung zu Ihrem Kind am Herzen liegt. Sie betrachten diese Gespräche nicht als eine Aufgabe, die Sie für Ihr Kind tun, sondern als Beginn einer Partnerschaft, die Sie mit Ihrem Kind eingehen. Gemeinsam werden Sie allmählich umfassende Veränderungen erzielen. Bei unseren gemeinsamen Gesprächen ging es vor allem darum zu ergründen, welche äußeren Faktoren die Förderung des Kindes begünstigen. Diese neue Partnerschaft erfordert jedoch auch eine grundlegende Veränderung des inneren Erlebens. Zwei Aspekte dieser Veränderung werden Ihnen in Zukunft helfen: die Entwicklung einer umfassenderen Sicht der Intelligenz sowie eine andere Art von Engagement für das Lernen Ihres Kindes. Jeder der beiden Aspekte wird Teil des sich ständig verändernden Beziehungsgeflechts, das entsteht, wenn Sie Ihrem Kind bei der Entfaltung seiner Möglichkeiten helfen.

Freuen Sie sich an den Interessen und Begabungen Ihres Kindes. Sie können Ihr Kind weit bringen – auch wenn sie für die Schule kaum von Nutzen scheinen.

Leiden wir nicht allzu oft an einer Form der Wahrnehmungsschwäche, die uns daran hindert, die Einzigartigkeit unseres Kindes zu erkennen? Wir nennen Jerome „vorlaut" und erkennen nicht, dass seine Äußerungen sehr klug sind und uns allen Nutzen bringen könnten. Wir bezeichnen Gloria als „neugierig", statt stolz zu sein, dass sie sich in die Einzelheiten vertieft, um das größere Ganze zu erkennen. Wir glauben, Marie sei zu sensibel, weil sie sich um das Wohlergehen anderer Menschen sorgt. Dabei übersehen wir, dass sie ein Vorbild für mitmenschliches Handeln gibt. Wir nennen Calvin einen Perfektionisten und vergessen, dass wir an seinem Widerwillen gegenüber allem „Nicht-Stimmigen" erkennen können, wo es uns an Integrität fehlt.

Wer sein Kind fördern will, muss bereit sein, diese differenzierte Wahrnehmung immer wieder zuzulassen. Nur dann kann man erkennen, was Intelligenz wirklich ist. Man hat uns beigebracht, Intelligenz mit dem Resultat eines IQ-Tests gleichzusetzen. Doch das ist viel zu einseitig gedacht.

Bei der Bewertung der Begabung eines Kindes sollten wir im Interesse seiner beruflichen Zukunft das gesamte Spektrum möglicher Intelligenzformen berücksichtigen. Denn dann kann es auch die Bereiche, die es wirklich liebt und in denen es Leistung und Zufriedenheit erzielt, nutzen.

Wer die einzigartige Intelligenz seines Kindes anerkennen und verstehen will, muss sich in Bereiche wagen, die er bisher umgangen hat. Sie sollten Ihr Kind also nicht nur Fakten lehren, sondern auch über Geschichten, Gleichnisse und Fantasien mit ihm kommunizieren. Nehmen Sie auch seine Träume und Gefühle ernst. Nehmen Sie Anteil, wenn Ihr Kind einfache Aufgaben erlernt wie das Einschrauben einer Glühbirne und das Anrühren eines Kuchenteigs.

Eine neue Form des Engagements

Das größte Hindernis bei der Förderung von Kindern ist oft weniger die Veranlagung des Geförderten als die Einstellung des Förderers. Um unsere Kinder angemessen zu fördern, müssen wir deshalb Vorbehalte und uralte Ängste aufgeben. Für viele Erwachsene ist es nur eine lästige Pflicht, ihren Kindern bei den Hausaufgaben zu helfen. Die Motivation ist Angst, nicht Liebe – die Angst, das Kind werde nicht versetzt. In unserer eigenen Kindheit wurden unsere Begabungen von den Erwachsenen oft unterdrückt. Wir sollten möglichst schnell „erwachsen" werden und vernünftig handeln. Irgendwann waren unsere Anlagen dann vergessen und als Erwachsener ist es schwer, sie wiederzuentdecken. Doch diese Chance bietet uns die Auseinandersetzung mit unseren Kindern.

Fördern Sie Ihr Kind aus der Freude heraus, seine Begabungen zu entfalten – nicht aus Angst vor schlechten Noten.

Das größte Geschenk, das Sie Ihrem Kind machen können, sind Sie selbst. Wenn Sie sich Ihrer selbst bewusst werden und Ihre eigenen Begabungen erkennen, unterstützen Sie damit die Suche Ihres Kindes. Sagen Sie Ihrem Kind, dass es wunderbar ist. Würdigen Sie seine Suche und seine Bemühungen. Helfen Sie ihm – aber nur, wenn es darum bittet. Fragen Sie, was es gelernt hat, und loben Sie es dafür. Erklären Sie ihm, dass es genauso wichtig ist, zu erkennen, was nicht klappt, wie zu wissen, was man gut kann. Machen Sie dies auch sich selbst klar. Freuen Sie sich über Ihre Leistungen, weil Sie es sind, der sie hervorgebracht hat.

Doch was ist, wenn ...?

Bei einem Abendessen erzählte ich kürzlich vier Freunden von diesem Buch. Sie waren begeistert und sicherten mir ihre Unterstützung zu; doch als wir meine Vorstellungen im Einzelnen durchsprachen, gab es zweimal Einwände. Diese Einwände gebe ich hier – zusammen mit meinen Entgegnungen – an Sie weiter. Sie erkennen daran, dass Zweifel immer wieder auftreten können und auch andere Eltern mit ähnlichen Problemen zu kämpfen haben wie Sie.

„Doch was ist, wenn das Kind einmal keine Lust hat, die Hausaufgaben zu machen, wenn es mit dem Fuß aufstampft und bei jeder Frage, die man ihm stellt, mit den Achseln zuckt? Wenn es sich völlig verweigert?"

Bleiben Sie zunächst einmal gelassen. Lassen Sie sich nicht in einen Streit verwickeln. Halten Sie sich mit Kritik zurück. Versuchen Sie herauszufinden, warum sich Ihr Kind sträubt. Führen Sie es langsam an die Arbeit heran. Zeigen Sie echtes Interesse an den Aufgaben.

Wichtig ist nicht, was Sie im Einzelnen sagen. Es kommt auf die Einstellung an, die Sie selbst haben und die Sie Ihrem Kind vermitteln. Vertrauen Sie darauf, dass Ihr Kind sein Ziel früher oder später erreichen wird, auch wenn es nicht immer auf direktem Erfolgskurs zu sein scheint.

„Doch was ist mit dem Druck von Lehrern und anderen Eltern? Was ist, wenn man zwar dem gemeinsamen Entdeckungsprozess mit seinem Kind vertraut, Lehrer oder andere Eltern einem aber weismachen wollen, man müsse bei den Hausaufgaben streng sein, um das Kind auf den Ernst des Lebens vorzubereiten? Viele Lehrer und Eltern verstehen noch nicht, dass die Förderung der Begabungen eines Kindes und seiner Liebe zum Lernen genauso wichtig ist wie die Zensuren."

Zweifel und Rückschläge gehören im Leben immer dazu – natürlich auch in schulischen Belangen. Lassen Sie sich nicht entmutigen!

In diesem Fall kann ich Ihnen nur raten, sich und Ihr Kind nicht verrückt machen zu lassen. Glauben Sie an Ihr Kind und respektieren Sie seinen eigenen Stil des Lernens, statt sich von anderen Menschen verunsichern zu lassen.

In Ihren Händen

Seien Sie stolz auf die Begabungen Ihres Kindes. Stellen Sie diese Begabungen heraus. Stärken Sie Ihr Kind in seinem Lernstil. Freuen Sie sich darüber, dass es seinen eigenen Weg geht. Kinder wollen so geliebt werden, wie sie sind, und nicht wegen ihrer schulischen Leistungen. Wenn unser Kind seine Anlagen entfalten soll, müssen auch wir Erwachsenen uns bemühen, unsere eigenen Fähigkeiten und Begabungen zu entwickeln.

Unser Kind ist unser wertvollstes Geschenk. Es weckt unsere Liebesfähigkeit und bringt uns in unserem Leben weiter. Es eröffnet uns neue Dimensionen unseres Denkens und Fühlens. Wer sein Kind fördert, der liebt und achtet es. Die einzigen Fähigkeiten, die Sie dafür brauchen, sind Neugier, Geduld und Selbstbewusstsein.

Wenn Sie Ihr Kind so annehmen, wie es ist, und seine inneren Talente zur Entfaltung bringen, machen Sie ihm das größte Geschenk: Sie geben ihm die Gewissheit, dass es liebenswert ist, und dass seine Gedanken und Begabungen wertvoll sind.

Dabei haben Sie die große Chance, auch Ihre eigenen verborgenen Talente zu entdecken. Denn Ihr Kind ist in vielen Bereichen gleichsam ein Spiegel Ihrer selbst. Gehen Sie auf Ihr Kind ein und Sie werden zu sich selbst finden.

Ich wünsche mir, dass dieses Buch Ihnen helfen wird, die natürliche Intelligenz Ihres Kindes und Ihre eigenen Anlagen aus einem ganz neuen Blickwinkel zu sehen.

Über die Autorinnen

Dr. Dawna Markova ist langjährige Lehrerin und Psychotherapeutin. Ihr Spezialgebiet ist die Wahrnehmungspsychologie. Ihre bahnbrechenden Untersuchungen zum Lernverhalten machten sie international bekannt.

Anne R. Powell ist seit mehr als 25 Jahren als Lehrerin sowie Lernberaterin und in der Lehrerfortbildung und der Elternberatung tätig.

Von Dawna Markova und Anne R. Powell erschien auf Deutsch bereits der Titel:

Wie Kinder lernen. Eine Entdeckungsreise für Eltern und Lehrer. VAK, 2. Auflage 1997

Helmut Weyhreter
Konzentrationsschwäche
Wie Eltern helfen können

128 Seiten
zweifarbig mit 28 Abbildungen
16 x 21 cm
Broschur
ISBN 3-332-01090-5

Konzentrationsschwäche ist weit verbreitet – und hat viele Ursachen. Dieser Ratgeber ist aus der Beratungspraxis heraus entstanden und hilft Eltern, die Konzentrationsfähigkeit ihres Kindes zu erhöhen.

Eltern und Erzieher erfahren in diesem Buch, auf welche Weise Konsumverhalten, Mediennutzung und andere Faktoren zur Konzentrationsschwäche unserer Kinder beitragen. Es bietet Abhilfe in einem ausführlichen Praxisteil: Arbeitstechniken, Spiele und gezieltes Training. Therapeutische Maßnahmen runden den Hilfskatalog ab.

Der Autor: Dr. Helmut Weyhreter ist Psychologe beim Psychologischen Dienst der Kinder- und Universitätsklinik Ulm.